Laßt mich doch zu Hause sterben!

Herausgegeben von
Peter Godzik und
Petra-R. Muschaweck

Mit Beiträgen von
Jan Christian Bauer · Jens Bruder · Petra Christian-
Widmaier · Peter Godzik · Ingeborg Kruckis ·
Joachim E. Meyer · Claudio Kürten · Helga
Obermann · Petra-R. Muschaweck · Franco Rest ·
Jochen Senft

Gütersloher Verlagshaus
Gerd Mohn

CIP-Titelaufnahme der Deutschen Bibliothek

Laßt mich doch zu Hause sterben! / hrsg. von Peter Godzik u. Petra-R. Muscha-
weck. Mit Beitr. von Jan Christian Bauer... – Gütersloh : Gütersloher Verl.-
Haus Mohn, 1989
   ISBN 3-579-02162-1
NE: Godzik, Peter [Hrsg.]; Bauer, Jan Christian [Mitverf.]

ISBN 3-579-02162-1

Umschlaggestaltung: HTG Werbeagentur, Bielefeld, unter Verwendung eines
Fotos von Thomas Mayer – Foto-Archiv
Gesamtherstellung: Clausen & Bosse, Leck
Printed in Germany

Inhalt

Vorwort

»Laßt mich doch zu Hause sterben ...«, ein Wunsch, – eine Bitte, – eine Forderung? Wenn Sie den Schlüssel zu diesem Satz suchen, so sind darin zwei Gedanken enthalten: »Laßt mich doch *sterben* ...« und »Laßt mich doch *zu Hause* ... mein Leben zu Ende leben.« In einer Zeit der zunehmenden Spezialisierung, der ausgefeilten Techniken, der scheinbar unbegrenzten Möglichkeiten der Behandlung von Krankheiten, in einer Zeit der menschlichen Entfremdung beobachten wir einen Bewußtseinswandel: Der Mensch fragt am Lebensende wieder nach *seinem* Zuhause. Umfragen haben ergeben, daß z. Z. in der Bundesrepublik acht von zehn Menschen unter z. T. unbefriedigenden Bedingungen in Kliniken und Heimen sterben. Der Weg nach Hause scheint schwierig geworden zu sein und stellt viele Fragen, die beantwortet werden wollen.

Gerade in dieser letzten Lebensphase, oft verbunden mit einer Rückschau, einer Bilanz, ist aber der Wunsch nach Nähe, Verstehen, Zuwendung und Aufmerksamkeit von Menschen aus der unmittelbaren Umgebung und der Verzicht auf all das »Machbare« des bisherigen Lebens besonders groß. Der Mensch verabschiedet sich körperlich, geistig und seelisch von seinem Leben, reduziert sein Dasein auf das für ihn noch Wesentliche und fragt und sucht nach seinem Zuhause, seinen Wurzeln.

Mit der Herausgabe dieses Buches wollen wir allen betroffenen, berührten und beteiligten Menschen, Angehörigen, Freunden, professionellen Helfern und Sterbenden Mut machen, diese immer lauter werdende Bitte als Herausforderung anzunehmen und nach einem Weg der Bewältigung im eigenen Umfeld zu suchen. Dies ist ein Sachbuch, geprägt von den persönlichen Erfahrungen der einzelnen Autoren, die aus verschiedenen Berufen und mit unterschiedlichen Ansätzen das gestellte Thema beleuchten. Es geht uns nicht darum, undifferenzierte Kritik an bestehenden Zuständen zu üben, sondern mit dem Ansatz einer ganzheitlichen Sicht sachlich und fachlich kompetent zu stärken, was bereits da ist, gegenseitiges Verstehen zu erleichtern und die Sorge in diesem Lebensabschnitt wieder zur Für-Sorge werden zu lassen. Der Leser, der sich dazu aufgerufen fühlt, wird in diesem Buch Informationen und Anregungen zur Auseinandersetzung mit den Fragen nach Sterben, Tod und Trauer im häuslichen Bereich finden, deren Beantwortung die Voraussetzung für die Begleitung eines sterbenden Menschen ist.

Wenn wir anfangen zu fragen und von anderen fordern, sollten wir auch bereit sein zu sagen, was wir selber tun wollen. Sterbebegleitung beginnt nicht erst am Sterbebett eines Kranken, sondern kann nur dort geleistet werden, wo gewachsene menschliche Beziehungen *vorher* zwischen Kindern und Eltern, Arzt und Patient, Freunden und Nachbarn, Pfarrer und Gemeindemitgliedern gelebt werden. Das Miteinander in der Gemeinschaft läßt so auch die Zeit des Abschiednehmens und der Trauer zu und gibt dem sterbenden Menschen sein Zuhause.

Peter Godzik
Petra-R. Muschaweck

Petra-R. Muschaweck

Die Tür zum Sterbezimmer

Erfahrungen aus der ärztlichen Praxis

Ihre Stimme klang leise, fast tonlos, als wir an jenem Vormittag miteinander sprachen. *Frau W.*, eine 54jährige Patientin, hatte mich nur selten in der Praxis konsultiert. Nun lag sie seit vierzehn Tagen in der Klinik. Dorthin hatte ich sie zur Abklärung ihrer unerträglichen Rückenschmerzen überwiesen. Man hatte sie operiert, aber der Bauch war nicht kleiner geworden ... und sie begriff, ein inoperabler Unterleibskrebs war die Ursache. Der Kollege aus dem Krankenhaus hatte mich angerufen und gebeten, Frau W. das noch ausstehende endgültige Untersuchungsergebnis mitzuteilen. Er konnte an diesem Tag nicht auf seiner Station sein. Der Weg fiel mir schwer, aber ich fühlte, wie wichtig es war, diese Nachricht nicht von einer fremden Person »zwischen Tür und Angel« übermitteln zu lassen. »Ich habe es gespürt ..., helfen Sie meiner Familie ...«, waren ihre ersten Worte, und mit der Hand über den aufgedunsenen Bauch fahrend: *»Laßt mich doch zu Hause sterben!«* Frau W. meinte uns alle, die Krankenhausärzte, die pflegenden Schwestern, ihre Familie, ihre Freunde und schließlich auch mich, ihre Hausärztin.

Es war nicht das erste Mal, daß ich dem Wunsch eines schwerkranken Menschen begegnete, zu Hause sterben zu wollen. Fünfzehn Jahre übe ich meinen Beruf aus – ich übe, lerne und erfahre immer wieder, daß ich dem Sterben, besonders in meinem Beruf, nicht aus dem Weg gehen kann.

Dabei war es durchaus nicht meine Absicht, mich mit dem Sterben und der Endlichkeit unseres Daseins auseinanderzusetzen, als ich mich entschloß, *Medizin zu studieren.* »Helfen und heilen« hatten wir Medizinstudenten uns auf unsere weißen Kittel geschrieben, die wir stolz bei jeder möglichen Gelegenheit trugen. In sechs langen Jahren bis zum Staatsexamen haben wir in Vorlesungen, Praktika und Seminaren patientenfern, seltener patientennah, lernen müssen, was »Krankheit« ist und wie wir die Krankheit – nicht den Patienten – behandeln, um gesund zu machen. Krankheit, Gebrechlichkeit und nachlassende Kräfte hießen die Herausforderungen, die es galt, zu bezwingen. So wurden wir auf unseren Beruf vorbereitet. Die fast unbegrenzten Möglichkeiten der fortschrittlichen Medizin ließen uns zu mehr oder minder guten Spezialisten heranwachsen, die nie müde wurden, einen Heilungsweg aufzuzeigen.

Parallel, aber ganz anders, wuchs in mir eine schmerzliche Erkenntnis, die ich in keinem Lehrbuch fand: Es gab nicht nur Grenzen des Machbaren, sondern vor allem Grenzen meiner persönlichen Möglichkeiten. Als Medizinstudentin in Nachtwachen und später als Assistenzärztin verbrachte ich unzählige Stunden auf *Intensivstationen*, wo ich alles tat, um die schwer Unfallverletzten, die frisch operierten Herz- und Magenpatienten am Leben zu erhalten. Zwischen piepsenden EKG-Geräten, dem gleichmäßigen Geräusch der Beatmungsgeräte, den laufenden Infusionen, den Ein- und Ausfuhrberechnungen und der angespannten Aufmerksamkeit für jeden Zwischenfall wurde hier nicht über Lebensqualität nachgedacht oder gar diskutiert – warum waren die Patienten schließlich hier – wenn nicht, weil sie leben wollten, war eine unserer tröstenden Antworten auf ungestellte Fragen.

Aber es war nicht die Geschäftigkeit, die auch auf einer solchen Station ein Stück Routine wurde, die schwer zu verkraften war. Es war die wenige Zeit, die blieb, und der begrenzte Raum, der gegeben war, um zu sehen, wer dort wirklich im Bett lag; ein Mensch mit seinem ganz einzigartigen Schicksal, herausgerissen aus seinem gewohnten Umfeld, mit Wünschen und Signalen, die ich manchmal erschrocken, oft mehr zufällig bemerkte: Da reagierte ein Patient auf Berührung oder versuchte die Augen zu öffnen, wenn ich ihn ansprach ... doch der Erhalt der Funktionstüchtigkeit seines Körpers war wichtiger als Ansprache und Berührung. Bei Dienstschluß gab es einen immer wieder neuen Abschied, denn es war nie sicher, diesen Patienten am folgenden Tag noch einmal zu treffen, entweder er war verlegt oder er war gestorben. Oft habe ich noch nicht einmal erfahren, wo die Patienten geblieben waren, denn die eine Station hat nicht unbedingt etwas mit der anderen zu tun.

Im Krankenhaus mußte ich mich darauf beschränken, meine Patienten zu therapieren und zu betreuen, solange sie auf meiner Station lagen. Abgang – Zugang – Verlegung, Tage, Wochen, manchmal Monate, es war nie klar, wann und wie sie wieder in oder aus meinem Blickfeld geraten würden, wieviel Zeit gegeben war, sich kennenzulernen.

Manchmal waren es nur Minuten – so, als mir als diensthabender Ärztin ein schwerverletztes neunjähriges Kind über die Unfallambulanz angemeldet wurde. Ich rannte zu dem vorgefahrenen Krankenwagen; das Kind war äußerlich nicht verletzt, lebte aber nur noch wenige Minuten, es hatte einen Genickbruch. Als ich anschließend auf meine Station gerufen wurde – es mußte ja weitergehen –, um einer Patientin zu eröffnen, daß sie am nächsten Tag aufgrund eines Krebsknotens zu einer Brustamputation vorgesehen sei – höchste Eile sei geboten –, begriff ich zum erstenmal, daß auch so eine Operation ein Stück Sterben ist. Ich war verzweifelt, wollte aufgeben und schien mir völlig ungeeignet für diesen Beruf, denn ich konnte mir nicht vorstellen, wie ich einem Menschen angesichts des Todes irgend etwas Hoffnungsvolles sagen oder geben könnte. Was sollte ich sagen, und wie sollte ich mich verhalten? Es war mein »alter« Chef, der meine Tränen endlich zum Fließen brachte: »Wir müssen das Sterben in unser Leben mit einbeziehen – auch das ist unsere Aufgabe!« Sie erschien mir damals kaum zu bewältigen. Was er gemeint hatte, erfuhr ich in den folgenden Jahren meiner Assistenzarztzeit im Krankenhaus.

Das *Krankenhaus* ist Gott sei Dank für die meisten Patienten nur eine Durchgangsstation. Der Patient ist damit aber auch für das dort arbeitende Personal nur ein »Durchgangs-Patient«, wie alle anderen auch. Ich spürte oft, daß viele Patienten mehr Zeit für ein Gespräch gebraucht hätten, als ich sie ihnen im Ablauf meines Routinealltags geben konnte. Ich mußte erfahren, daß die Erwartungshaltung der Menschen, die im Krankenhaus liegen, weit über das »Machen-Sie-mich-wieder-gesund« hinausging. Gerade schwerkranke und sterbende Menschen hatten noch dringende Fragen, wie »Was hat die Diagnose für mich für eine Bedeutung? –

Wie lange habe ich noch zu leben? – Wann kann ich nach Hause?«
Diese Fragen wurden mir nicht während der morgendlichen Visiten mit Schwestern und Oberarzt gestellt; erst wenn ich die Zeit für
einen nochmaligen Blick in ein Krankenzimmer alleine fand, aus
einem oft unbestimmten Gefühl heraus – »da ist noch etwas ...« –,
fanden die Kranken den Mut, mich anzusprechen. Auch über die
Schwestern der Station konnte ich einiges erfahren, denn ihr »direkter Draht« zum Patienten beim Bettenmachen, Füttern oder
Pulsfühlen war oft besser als der, den ich während der Visiten entwickeln konnte. Aber ich wollte die Patienten nicht nur gemäß
ihrem Krankheitsbild als »Durchgangsmensch« sehen. Ich wollte
versuchen, zu verstehen und zu begreifen.

Besonders schwer war es, diesem Anspruch gerecht zu werden,
wenn ein Patient starb, das Krankenhaus also zur Endstation
wurde. Der Tod eines Patienten löste bei Schwestern und Ärzten
immer wieder Schuld- und Versagensgefühle aus. Was haben wir
falsch gemacht? Hätten wir »es« verhindern können? Auch ich
kannte diese Gefühle gut, denn der Wunsch, nach »bestem Wissen
und Gewissen« alles zu tun, um den Tod zu verhindern, steckte tief
drin – auch in mir.

Eine zwingende Frage tauchte in mir auf: »Hätten wir nicht auch
diese oder jene Maßnahme lassen können, wenn wir gewußt hätten ...? Hätten wir nicht den Patienten nach Hause schicken sollen, damit er in seiner gewohnten Umgebung hätte sterben können?« Der Gedanke, nicht nur machen zu müssen, sondern auch
lassen zu können, war neu für mich.

Auf den Stationen im Krankenhaus lagen fast immer ein oder zwei
sterbende Menschen, aber wenn ich darüber nachdenke, so habe
ich nur selten einen von ihnen in der letzten Stunde seines Lebens
gesehen. Dafür war ich als Ärztin nicht mehr zuständig. Natürlich
wurde ich gerufen, wenn es darum ging, wiederzubeleben, auch
Schmerzen und andere Symptome mit Medikamenten zu beherr-
schen; auch mußte ich den Tod feststellen und die Angehörigen
benachrichtigen und mit ihnen sprechen. Häufig wurde ich dabei
wie selbstverständlich nach dem »Wie« gefragt, »... er ist ganz ruhig eingeschlafen ...«, doch die Frage, ob er noch etwas gesagt hat,
mußte oft unbeantwortet bleiben, denn niemand war dabei gewesen – auch keine Krankenschwester.

Diese traurige Realität ließ mich den Wunsch vieler schwerkranker Menschen, nach Hause zu wollen, besser verstehen, ja er machte mich sogar hellhörig. Es war nämlich häufig nicht nur der Wunsch, keine intensive Behandlung mehr in Anspruch zu nehmen, in Ruhe gelassen zu werden, sondern auch der Wunsch nach Hause zu gehen, um sterben *zu dürfen*. Bei aller ehrlicher Sorge von uns professionellen Helfern schien der einzelne Mensch in seiner Not zu kurz zu kommen im System von Routineabläufen, Vorschriften und Verordnungen. Was das im einzelnen bedeutet, wurde mir erst klar, nachdem ich in eigener Praxis angefangen hatte, Sterbende zu begleiten und ihren Wunsch, zu Hause bleiben zu dürfen, verwirklichen half.

So fängt meine heutige Begleitung sterbender Menschen dort an, wo die Institution Krankenhaus (ausgerichtet auf die Heilung von Krankheit) sagt: »Wir können nichts mehr für sie tun!«

In meiner *Landarztpraxis* erlebe ich es als entscheidenden Vorteil gegenüber meiner Arbeit im Krankenhaus, daß ich nicht nur die Familienverhältnisse meiner Patienten kenne, sondern auch das dazugehörige soziale Umfeld. Wenn ich zu einem Hausbesuch gerufen werde, treffe ich nicht nur auf das Bett des Kranken, sondern erlebe ein *Zuhause*, einen selbstgeschaffenen Lebensraum mit vielen liebgewordenen Kleinigkeiten, die sein Verständnis von Wohnlichkeit, Behaglichkeit ausdrücken. Und dazu gehören auch Menschen – Angehörige wie Ehepartner, Kinder und Enkel, aber auch Freunde und Nachbarn.

Dieses »Umfeld« lebt *mit*einander oder auch *neben*einander; alle haben sie ihre Rollen und Aufgaben im Alltag übernommen. Wenn auch auf dem Lande noch häufig mehrere Generationen unter einem Dach wohnen, so ist es dennoch keineswegs mehr selbstverständlich, daß die Großfamilie als eine füreinander sorgende Gemeinschaft lebt. Im Lebensfeld dieser Menschen bin ich als Hausärztin ein Mosaikstein, ein Verbindungsglied untereinander geworden – wichtig, wenn es darum geht, mit Krankheit, Leiden, Gebrechlichkeit, Altwerden, Sterben und Tod umgehen zu lernen.

»… da stehen wir plötzlich vor einer Situation, mit der wir nicht gerechnet haben. Natürlich haben wir gewußt, daß sie sterben muß, aber wir haben es nicht geglaubt. Meine Frau sagt, tu' doch

was, es ist doch *deine* Mutter – aber ich muß doch zur Arbeit ...«
Ratlosigkeit, Hilflosigkeit und Verzweiflung sprechen aus diesen
von mir oft gehörten Worten. Wir alle können über »das Sterben«
reden, Bücher lesen, täglich im Fernsehen und Radio davon hören, es trifft uns nicht – bis zu dem Tag, an dem wir selber davon
betroffen und/oder getroffen werden.

Heute, nach elf Jahren praktischer Erfahrung, möchte ich sagen,
daß es »das Sterben« allgemein nicht gibt. Alle meine Sterbeerfah-
rungen sind geknüpft an *einen* Menschen, an ein unverwechselba-
res Individuum und sein individuelles Umfeld, an menschliche
Verhaltens- und Reaktionsweisen und – wenn man so will – an
Wege, die das Schicksal gerade diesem Menschen so zugedacht
hat. Nie weiß ich im voraus, was mich erwartet, wenn ich meine
Praxis verlasse, um das Haus eines Sterbenden aufzusuchen.
Keine »Geschichte« eines Patienten ist vergleichbar mit der eines
anderen – längst habe ich aufgegeben, »Sterben« in meinen Praxis-
alltag einzuplanen. Längst habe ich begriffen, daß auch ich in der
Begegnung mit einem sterbenden Kranken immer wieder neu betroffen bin – mehr noch als je zuvor im Krankenhaus –, wie notwendig und hilfreich mein Arzt-*Da-Sein* ist.

Nicht, um zu helfen und zu heilen, werde ich heute von Angehörigen der sterbenden Patienten gerufen, sondern »nur«, um zu
begleiten, zu betreuen und zu lindern, zu lassen und auch zu akzeptieren, wenn da ein Mensch keine lebensverlängernden Maßnahmen mehr wünscht. Was bleibt mir als niedergelassener Ärztin
zu tun – noch zu tun, angesichts eines sterbenden Patienten?
Zunächst versuche ich, den Kontakt zu meinem Patienten und zu
deren Angehörigen nie ganz abreißen zu lassen, auch dann nicht,
wenn ich sie in ein Krankenhaus einweisen oder zu einem Fachkol-
legen überweisen muß und sie nicht mehr direkt von mir behandelt
werden. Ich biete das Gespräch an und bin auch dazu bereit, einen
Besuch im Krankenhaus zu machen.

Zu jedem Zeitpunkt einer Erkrankung ist es mir wichtig zu über-
prüfen, was *ist* die Diagnose und was *fühlt* der Patient. Die Diagnose z. B. einer Krebserkrankung heißt nämlich noch lange nicht,
daß der Patient Schmerzen hat oder sich »sterbenskrank« fühlt.
Wie er sich fühlt, ist aber oft wichtiger als die ausgefeilteste Diffe-
rentialdiagnose für den weiteren Verlauf der Entscheidungen. So

tritt angesichts einer hoffnungslosen Prognose meine Aufgabe als »Medizin-Frau« zunehmend in den Hintergrund. Mehr und mehr werde ich gebraucht als geduldige Zuhörerin für immer neue Erklärungen, als neutrale Beraterin und Therapeutin für beunruhigende Veränderungen des Körpers, als Vertraute, die dazu bereit ist, das Wort »Krebs« auszusprechen, und die dabei hilft, Wahrheit/Wirklichkeit anzusehen, als Freundin, die bei der Untersuchung nicht nur sachlich berührt, sondern auch streicheln darf, und als Mittlerin zwischen Patient und Angehörigen, damit auch die Zeit des Sterbens in einer offenen, ehrlichen Atmosphäre miteinander gelebt werden kann – ohne falsche Rücksichtnahme oder bedrückend-schweigendes Nicht-wahr-haben-wollen. Dieser ständige Austausch gibt mir Zutrauen in meine Einschätzung einer konkreten Situation und vermittelt dem Patienten das Vertrauen, daß er sich auch als Mensch an mich wenden darf mit Wünschen, die nicht als Leistungen abgerechnet werden können.

Die Frage, ob ein Patient zu Hause sterben kann, ist aus medizinischer Sicht nicht schwierig zu beantworten, denn es gibt kaum eine Therapieform, die man nicht auch zu Hause durchführen kann. Immer wieder problematisch ist die Entscheidung, von einer »heilenden« Therapie zu einer nur noch »lindernden« (palliativen) überzugehen. Diese Entscheidung kann nach meiner Erfahrung nur *mit* dem Patienten zusammen getroffen werden und muß im Zweifelsfall auch revidierbar sein.

Zu einer lindernden Therapie gehört an erster Stelle und als wichtigste Verpflichtung für den Arzt die *Schmerztherapie!* »Ich habe keine Angst vor dem Sterben, aber, vor den Schmerzen und dem, was ich noch aushalten muß ...«, sagte eine alte – *nicht* kranke – Frau zu mir. Diese Angst vor Schmerzen im Sterben ist sehr groß, wenn auch nur selten berechtigt, denn mit Hilfe der heutigen Einsatzmöglichkeiten, z. B. von »Morphium« in Tabletten- oder Tropfenform sind sie in 95 % aller Fälle gut beherrschbar. Regelmäßig *vor* Schmerzeintritt verabreicht, ermöglicht Morphium dem Patienten, bewußtseinsklar und handlungsfähig in seinem Lebensraum zu bleiben. Zu diesem Lebensraum gehört aber eben nicht nur die medizinische Versorgung, sondern vor allem das soziale Umfeld, die räumlichen, pflegerischen und nicht zuletzt die menschlichen Möglichkeiten und Grenzen, die es zu berücksichti-

15

gen gilt, wenn es darum geht, einen sterbenden Menschen zu Hause aufzunehmen. So werde ich zum »*Vermittler*« *zwischen dem Kranken und seiner Familie*, wenn es um die »äußeren« *Angelegenheiten* geht, wie z. B. Verschreiben von Hilfsmitteln, Verordnung häuslicher Krankenpflege, Klärung von Kostenfragen mit der Krankenkasse, Organisation des Einsatzes möglicher Hilfsdienste wie »Essen auf Rädern« oder »Haus- und Familienpflege« und die Vermittlung zur Sozialarbeiterin oder zum Pfarramt.

Wenn es um die »*inneren*« *Angelegenheiten* einer Familie geht, werde ich zur »Übersetzerin« oder auch »Brückenbauerin«: Angesichts der eigenen Trauer, Hilflosigkeit und Verzweiflung müssen auch Angehörige – genau wie auch ich – immer wieder lernen, zu lassen, loszulassen. Wie schwer das ist, der Umgang mit einem traurigen, abschiednehmenden Kranken, der sich mehr und mehr aus seiner Umgebung zurückzieht, ist vorstellbar. Es sind die Kleinigkeiten, die anfangen, wichtig zu werden und zu zählen:

So saß *Herr D.* tage- und nächtelang auf seinem Sofa und wollte nicht in sein Bett gehen. Erst in einem Gespräch über die Essenszeiten der Familie sagte er plötzlich: »Im Schlafzimmer sehe ich die Uhr nicht mehr …« Wir besorgten ihm eine Uhr für den Nachttisch, und von Stund an lag dieser Mann, der sein Leben lang nach der Uhr gelebt hatte, in seinem Bett, in dem er ein paar Tage später starb.

Eine 86jährige Patientin, die nur für ihre Kinder und Enkel gelebt hatte, legte sich zum Sterben ins Bett. Über Monate wurde sie von ihrem ebenfalls gebrechlichen Ehemann und von Helfern gepflegt. Sie war schon lange nicht mehr ansprechbar, als es Weihnachten wurde und alle kamen. Weil sie ungewöhnlich unruhig war, wurde auch ich gerufen; aber eine Spritze war nicht mehr nötig. Als ich den Raum betrat und sie ansah, ließ ich alle Kinder rufen – auch die Schwester der Sozialstation, die gerade klingelte. Wir standen, ohne es vorher abgesprochen zu haben, alle um ihr Bett, als sie ihren letzten Atemzug tat.

Herr W. dagegen wollte nur noch von seiner Frau gepflegt und angefaßt werden. Über Wochen lebten er und seine Frau isoliert, und eine Überforderung war abzusehen. Als ich der Ehefrau für eine Nacht »Ruhe« verordnete und die Tochter bat, die Nachtwache zu übernehmen, verstarb Herr W. in dieser Nacht. Die Schuldgefühle seiner Frau, »nicht dabeigewesen zu sein«, mußten anschließend in langen Gesprächen gelöst werden. Herr W. hatte Entscheidungen in seinem Leben immer alleine getroffen, hatte niemanden dazu gebraucht. Auch seine letzte Entscheidung hatte er alleine getroffen.

Unzählige Beispiele dieser Art wären zu erzählen, in denen Menschen zu Hause so starben, wie sie auch gelebt hatten.

Verstehen – einander verstehen, Zusammenhänge und Umstände als Ganzes begreifen, ohne sie noch verändern zu wollen und zu können, das macht uns den Umgang mit dem Sterben so schwer.
Ich habe die Begleitung sterbender Patienten nie als leicht und unproblematisch empfunden. Auch kenne ich kein »angemessenes«, möglichst leidfreies und sauberes »Hinübergehen«, wie es so oft gefordert wird. Trotzdem hat sich für mich die Frage der »aktiven Sterbehilfe«, wie sie öffentlich diskutiert wird, nie so gestellt. Menschen, die im Sterben um Hilfe baten, hatten entweder Schmerzen, waren isoliert und allein gelassen, oder sie fühlten sich abhängig und nutzlos in ihrem Leiden. Ein »Verlangen nach Tötung« habe ich daraus nicht hören können, wohl aber den Wunsch, sterben zu dürfen. Als Hausärztin komme ich diesem Wunsch nach, indem ich Medikamente absetze und nur darauf achte, daß das, was der Patient noch einnimmt, sein Leben nicht mehr verlängert, sondern sein Leiden, seelisch oder körperlich, lindert. Auch bin ich bereit (z. B. bei einer notwendigen Schmerztherapie) eine Lebensverkürzung aufgrund einer Nebenwirkung der Medikamente in Kauf zu nehmen.
Diesen Wunsch des Kranken, »sterben zu dürfen«, nicht mehr als Konflikt, als Widerspruch zu diesem Leben zu sehen, hat mir geholfen, Menschen sterben zu lassen. Ich akzeptiere heute, *was ist,* auch Verzweiflung, Einsamkeit, Trauer, Kampf und Zorn, und halte mich bereit, auf diesem Weg zu begleiten, denn ich kann den Weg nicht für den Sterbenden gehen.

Als ich aufhörte, ständig zu fragen, wie »es« besser sein könnte, als ich vom Wunschdenken in meinem Kopf frei wurde, konnte ich Frieden mit mir schließen und dem Sterben eines Menschen mit-*fühlend* – und *nicht* mit*leidend* – meine volle Aufmerksamkeit schenken. Es ging plötzlich nicht mehr um das »Mehr« – mehr machen, mehr sein, mit der Dimension »Zeit« im Rücken, die auch in meinem Alltag eine große Rolle spielt. Es ging nur noch um ein »Sein«, ein »Da-Sein« aller beteiligten Menschen, ohne Anspruch auf morgen, ohne Festhalten an gestern. »Ich bin bei Dir ...« wurde plötzlich zum einzig wichtigen Geschenk in der Sterbebegleitung.

Wenn ich heute gerufen werde, sehe ich die Begleitung eines kranken, sterbenden Menschen als eine Einladung, eine Einladung zum ungeschminkten, ehrlichen Teilnehmen an einem letzten Lebensabschnitt. Ich fühle mich nicht aufgefordert zu formen, brauche keine Partei zu ergreifen, niemals zu rechtfertigen, niemals zu widersprechen oder zuzustimmen, niemals zu urteilen, sondern nur dazusein als Mensch und – wenn nötig – auch als Ärztin. Jeder Sterbende hat mir einen Spiegel vorgehalten, der mir sagte: »auch so bin ich Mensch – auch Du bist so« – mit allen zwiespältigen Gefühlen.

Wenn ich heute Angehörigen, Freunden, Nachbarn, Helfern und allen anderen Mut machen möchte, *die Tür zu einem Sterbezimmer aufzumachen*, dann deshalb, weil es ein Weg ist, auf dem wir nicht nur eine intensive Begegnung mit einem Menschen erfahren und uns selbst begegnen, sondern weil wir hier ein wichtiges Stück Leben gemeinsam teilen lernen!

Wie sonst
könnte ich
meine Hoffnung
begründen
eines Tages
nicht
krank oder alt
abgeschoben
zu werden
und
einsam sterben
zu müssen,
wenn nicht
auch ich
dazu bereit wäre,
dazusein,
dabeizubleiben,
wenn
es
soweit ist?

Ingeborg Kruckis

Jeder Tag kostet ein Stück meiner Kraft ...

Erfahrungen mit einer Gesprächsgruppe für pflegende Angehörige

Im Sommer 1987 sah ich mir mit einer Gruppe Frauen den Film über die Londoner Sterbeklinik an. Wir wollten gemeinsam überlegen, ob sich der Film auf einem Kirchenkreisfrauentag über Krisensituationen in unserem Leben einsetzen ließe. Als ich das Vorführgerät abschaltete, sah ich zu meinem Erschrekken in völlig aufgewühlte, teilweise zu Tränen bewegte Gesichter. Dann brachen plötzlich Erinnerungen an die Pflegen schwerstkranker Familienangehöriger heraus, eng vermischt mit Schuldgefühlen, dabei gar nicht immerfort so gelassen und geduldig gewesen zu sein wie die Schwestern in London, vermischt vor allem auch mit der Angst, noch einmal – womöglich wieder allein – mit solch einer Last fertigwerden zu müssen. Als all das endlich ausgesprochen war, atmeten die Frauen auf. Die Gesichter entspannten sich. »Hat das gutgetan, endlich auch mal über so etwas reden zu können! Damals habe ich mich ja nie getraut, dabei wäre ich womöglich besser mit allem zurechtgekommen. Wir sollten etwas tun für die, die jetzt mittendrin in einer schweren Pflege stecken, vielleicht eine Gesprächsgruppe anbieten!«

Ich saß dazwischen, sehr angerührt und betroffen über das, was die mir so vertrauten Frauen jahrelang im Stillen mit sich herumgeschleppt hatten, und wußte gleichzeitig schon genau: Die anderen haben recht. Wir sollten hier wirklich etwas tun! – Allein wagte ich mich nicht daran. Mit fehlten vor allem eigene Erfahrungen mit Langzeitpflegen. Ich suchte also nach Verbündeten, nach Leuten, die mit mir gemeinsam überlegen würden, wie solch eine Gesprächsgruppe entstehen und laufen könnte. Wegen der weiten Entfernungen in unserem Kirchenkreis und wegen vieler anderer Verpflichtungen kamen die oben erwähnten Frauen nicht in Frage. Dafür waren dann aber gern zur Mitarbeit bereit ein Pastor, Vorsitzender unseres Hilfswerkes, und eine Sozialarbeiterin vom Diakonischen Amt. Beide kannten das angesprochene Problem nur zu gut aus eigener Erfahrung.

Wir drei sammelten also gemeinsam mögliche Gesprächsthemen für solch eine Gruppe, suchten nach einem gemütlichen Treffpunkt und formulierten dann eine Einladung für den 29. Februar 1988. In leicht erweiterter Form übernahm die Zeitung diese Einladung. Effektiver war dann freilich der Weg über die Gemeindeschwestern, die aus ihrem Berufsalltag die Menschen, die wir ansprechen wollten, viel besser kannten. Wir gaben ihnen einen Einladungsbrief an die pflegenden Angehörigen von Langzeitkranken mit, der auf der nächsten Seite abgedruckt ist.

Für das erste Treffen hatten wir bewußt außer einer Vorstellungsrunde und dem Kaffeetrinken kein Programm gemacht. Statt dessen wollten wir versuchen, abzutasten und herauszuhören, was die Teilnehmerinnen und Teilnehmer beim ersten und den weiteren Treffen brauchen würden. Bewußt hatten wir auch auf feste Anmeldungen verzichtet, um für eine Teilnahme in letzter Minute die Türen offenzulassen. Entsprechend groß waren Spannung und wohl auch Unsicherheit bei uns. Um es kurz zu machen: Dreizehn Frauen und ein Ehepaar (aus einer Entfernung von 20 km!) fanden sich am runden Tisch der Familienbildungsstätte ein.

Die Vorstellungsrunde nahm dann fast kein Ende, so groß war das Bedürfnis zu sprechen, so groß auch die immer wieder geäußerte Dankbarkeit für unser Angebot. Als die vorgesehenen 90 Minuten zu Ende waren (inzwischen nehmen wir uns mehr Zeit und finden sie auch!), hatten wir drei außer dem Zuhören und gelegentlichem vorsichtigen Strukturieren des Gespräches eigentlich »nichts« getan. Ich fühlte mich trotzdem angeschlagen, hatte aber gleichzeitig die Hoffnung, etwas Sinnvolles angefangen zu haben. Manche Äußerungen der Überforderung und Einsamkeit gingen mir lange nach. Ich fragte mich zudem immer wieder, warum fast überall so selbstverständlich und oft gedankenlos Frauen und Töchtern diese übergroßen Lasten als ihre Aufgabe

An die
pflegenden Angehörigen
von Langzeitkranken

Mit diesem Brief wenden wir uns an all die Menschen in
Rendsburg und Umgebung, die einen Angehörigen über einen langen Zeitraum pflegen müssen. Aus vielen Begegnungen wissen wir, daß die damit verbundene Belastung
oft bis an die Grenzen der Kräfte führt. Am schlimmsten
wird von vielen empfunden, daß sie allein vor dieser
Aufgabe stehen. Alle Zeit, die sie haben, brauchen sie
für diese Pflege, Kontakte zu anderen Menschen unterbleiben. So fühlen sie sich häufig allein und isoliert.

Wir möchten Ihnen eine Möglichkeit zum Austausch mit
anderen in ähnlicher Situation anbieten: in einem

Gesprächskreis für
pflegende Angehörige von Langzeitkranken

Wir denken dabei an Themen wie

*Da bin ich ziemlich hilflos - vom Umgang mit Behörden
und Institutionen*

Die Länge hat die Last - vom allmählichen Müdewerden

*So kenne ich ihn doch gar nicht - von Veränderungen bei
langfristig Kranken*

*Das liegt mir immer noch auf der Seele - mit Schuldge-
fühlen fertigwerden*

*Nun bleibt nur noch das Pflegeheim - was Nachbarn und
Verwandte dazu sagen*

Aber das sind vorerst nur unsere Gedanken. Wir nehmen
Ihre gerne mit auf. Denn Sie sollen die Themen sowie
Dauer und Zeitpunkt der Treffen bestimmen.

Doch damit wir erst einmal einen Anfang finden, laden
wir Sie zu folgenden Terminen ein:

Montag, den 29. Februar 14.3o - 16.oo Uhr
Montag, den 28. März   14.3o - 16.oo Uhr
Montag, den 25. April   14.3o - 16.oo Uhr

Rund um den Tisch im gemütlichen Familienraum der
Familienbildungsstätte in Rendsburg wollen wir das
Gespräch und den Austausch suchen.

und Pflicht zugewiesen werden, warum sie sich nicht gegen einseitige Überforderungen wehren und warum wir, die Gesellschaft (ich eingeschlossen!), so wenig von diesen Mustern wahrnehmen und darum auch die Frauen damit allein lassen.

Es tat mir darum gut, als nach dem zweiten Treffen eine unserer Teilnehmerinnen in einem Bericht über unsere Gruppe schrieb:

In einer kurzen Erzählung schilderte jede ihre Situation. Wir waren froh, daß wir einmal über unsere Probleme reden konnten. Hier hatten wir Menschen um uns, die mit uns fühlten, weil sie täglich ähnliche Sorgen und Ängste hatten und auch die gleichen Anspannungen. Die Gespräche und das gleiche Schicksal haben uns verbunden. Wir sind jetzt eine Gemeinschaft, die versucht, sich gegenseitig mit Verständnis und Rat zu helfen …
Grete P.

Das Gespräch untereinander blieb bis heute das wichtigste Angebot. Daneben werden aber auch immer mal wieder ganz praktische Informationen gewünscht. Einige Beispiele:

- pflegerische Hilfsmittel,
- Möglichkeiten für einen Urlaub,
- Umgang mit Behörden und Institutionen,
- Klärung von Rechtsansprüchen,
- Ernährungsprobleme bei Langzeitkranken.

Wir haben deshalb inzwischen ein Kurzzeitpflegeheim besucht und eine Ernährungsberaterin zu Gast gehabt. In Kürze wollen wir uns das sogenannte »Schaufenster« des Diakonischen Werkes Schleswig-Holstein ansehen – eigentlich eine für Altenpflegerinnen und Gemeindeschwestern gedachte Ausstellung von pflegerischen Hilfsmitteln. Außerdem wollen wir den Leiter des für uns zuständigen Sozialamtes einladen. Wesentliche praktische Ratschläge kommen freilich auch aus der Gruppe selbst. Jahrelange persönliche Erfahrungen wiegen eben doch mindestens so schwer wie Expertenratschläge.

Für die meisten Teilnehmerinnen (das Ehepaar begab sich nach dem Tod der Mutter auf die langersehnte Besuchsreise zu den Kindern in Australien!) kam nach meinen Beobachtungen die wesentlichste Hilfe freilich nicht über die Lösung praktischer Probleme. Wichtiger war die wachsende Erkenntnis in der Gruppe:

Es hat keinen Sinn, darauf zu warten, daß die anderen merken, wie überfordert ich bin. Damit ich nicht körperlich und seelisch krank werde, muß ich selbst etwas für die Erhaltung meiner Lebenskraft tun.

Es hat mich fasziniert, mitzuerleben, wie bei der konkreten Umsetzung dieser Einsicht die eine Frau der anderen half. Gleichzeitig hat mich dieser Prozeß auch sehr ermutigt. Ich erlebte aus nächster Nähe mit, wie immer mehr Frauen aus der teils zugewiesenen, teils aber auch selbst gewählten Aufopferungsrolle hinauswuchsen, wie sie lernten, Zeit und Freiräume für sich selbst einzufordern, wie Angehörige, vor allem auch Männer, sich veränderten und wie sich dabei die Situation der Kranken keineswegs verschlechterte.

Stellvertretend für die ganze Gruppe möchte ich diesen inneren Prozeß nun an *drei Lebenssituationen* veranschaulichen. Sie stehen exemplarisch mit den notwendigen Verfremdungen da, sind also keine Beschreibung einzelner Lebensschicksale, sondern mehr eine Bündelung von Schicksalen aus unserer Gruppe.

Sybille F., 52 Jahre alt, Frau eines höheren Verwaltungsbeamten, fünf Töchter, die jüngste nach einem Verkehrsunfall vor zehn Jahren schwerstbehindert (blind, Krämpfe, Sondennahrung).

Ich bin am Ende meiner Kraft. In den letzten zehn Jahren war ich nur fünf Tage von Gesine getrennt. Ich lebe und schlafe auf Rufweite, um bei jedem Klagelaut, bei jedem Krampf zur Stelle zu sein. In früheren Jahren habe ich gelegentlich versucht, mal einen Tag allein wegzufahren oder mit Gesine zusammen an einer Erholungs-

maßnahme teilzunehmen. Ich habe das aufgegeben. Gesine rea-
giert auf jede Veränderung mit schwersten Krämpfen. Sie braucht
ihr gewohntes Umfeld. Sagen kann sie das nicht, und ich kann ihr
ja auch nichts erklären und sie dadurch beruhigen. Eigentlich kann
sie gar nichts verstehen oder aufnehmen. Solange die größeren
Schwestern noch hier im Haus waren, haben sie mich tagsüber mal
vertreten können. Sie gehen mit der kleinen Schwester wirklich
rührend um. Im nächsten Jahr macht nun auch unsere Zweitjüng-
ste ihre Abschlußprüfung. Sie will dann wie die anderen nach aus-
wärts, wahrscheinlich auf die Fachhochschule nach Hamburg. Mir
ist in diesen Wochen immer deutlicher klargeworden, daß ich dann
ab August 1989 ganz allein vor der Pflege stehe. Dabei bin ich
schon jetzt an einem Punkt angelangt, an dem ich einfach nicht
mehr weiter kann. Mein Mann? Der hat seinen anstrengenden Be-
ruf. Er braucht seinen Schlaf, sagt er, und schläft deshalb auch
oben, wo er Gesine nachts nicht hört. Er meint auch, daß er mit
Gesine nicht so gut umgehen kann wie ich, und da hat er wohl
auch recht. Außerdem hat er auch so viele Ehrenämter. Er kennt
sich eben gut in vielen Dingen aus. Dadurch bin ich auch abends
viel allein. Es muß etwas passieren. Nach den unguten Erfahrun-
gen von früher habe ich Angst davor, Gesine anderen zu überlas-
sen. Ein Urlaub würde mir gar nichts bringen – ich käme ja gar
nicht von meinen Sorgen los. Andererseits – so, wie es jetzt ist,
kann es auch nicht weitergehen. Und wenn erst im nächsten Jahr
Ulrike aus dem Haus geht ...

Bertha H., 67 Jahre, Ehemann schwer herzkrank,
Mutter Pflegefall.

Als Mutter vor sechs Jahren aus dem Krankenhaus entlassen wurde,
sagten die Ärzte: »Das Herz ist so schwach. Sie wird nicht mehr
lange leben. Machen Sie es ihr bis dahin so schön wie möglich!«
Natürlich haben wir sie damals zur Pflege zu uns geholt, gern sogar.
Das ist für uns ganz selbstverständlich gewesen. Aber eigentlich ha-
ben wir nicht gewußt, worauf wir uns einließen. Daß es so lange mit
ihr dauern würde! Sicher, die Gemeindeschwester kommt fast täg-
lich, und dafür bin ich so dankbar. Und Mutter ist auch gar nicht

anspruchsvoll, sie ist immer still und zufrieden mit allem. Bloß – ich muß immer in der Nähe sein, sie will mich am liebsten immerzu sehen oder wenigstens hören. Wenn ich mal in den Garten gehe, um frisches Gemüse reinzuholen, ohne ihr das vorher zu sagen, klingelt sie gleich. Und wenn ich aus dem Keller was raufhole und es dauert nur ein wenig länger, weil ich gleichzeitig was zum Aufräumen gesehen habe, dann klingelt sie auch. Dabei beeile ich mich immer schon so. Wenn ich dann frage, warum sie denn geklingelt habe, sagt sie: »Ich bin so unruhig, wenn du nicht da bist. Ich mag nicht so allein sein.« Dann tut sie mir leid. Aber ich muß doch auch mal raus, nicht nur mal weg zum Einkaufen oder zum Zahnarzt! Dann bleibt übrigens mein Mann bei ihr. Aber das mag sie gar nicht. Ich möchte mal wieder in Ruhe meine beiden Schulfreundinnen besuchen. Und mein Mann möchte so gern mit mir zur goldenen Hochzeit seiner Schwester und zu seinem Kriegskameraden in Göttingen. Wir werden doch auch immer älter! Aber das geht alles nicht. Sobald Mutter merkt, daß wir vom Wegfahren sprechen, bekommt sie so komische Hustenanfälle. Ich denke immer, sie erstickt dabei womöglich mal. Sie sagt ja auch selbst immer wieder: »Wenn du wegfährst, das ist mein Tod.« Und ich glaube ihr das auch. Bloß – allmählich verliere ich alle meine Kraft. Seit dem letzten Sommer muß ich soviel weinen und will das doch gar nicht. Entschuldigen Sie! Jetzt geht das schon wieder los. Aber ich bin ja auch so hin- und hergerissen. Mein Mann ist doch auch krank und braucht mich. Er hat nach einer Lungenentzündung im Krieg Asthma zurückbehalten, und das wurde mit den Jahren immer schlimmer und ging aufs Herz. Er ist deshalb ja auch Frührentner. Ich habe dauernd ein schlechtes Gewissen ihm gegenüber. Es geht ihm gar nicht gut. Er muß dringend zur Kur, und ich soll mit. Das bringt dann mehr, sagt er, und er will auch mal allein sein mit mir. Ich möchte so gern mitfahren. Es geht aber nicht. Mutter bekommt schon ihre Anfälle, wenn nur das Wort »Kur« fällt.

Das waren Sybille F. und Bertha H., als unsere Gruppe begann. *Sybille F.* war dann die erste, die unter starken inneren Kämpfen begriff: Wenn ich jetzt nichts für mich tue, dann wird auch eines Tages Gesine darunter leiden müssen. Sie erkundigte sich nach ihren Ansprüchen für eine bezahlte Vertretung, fand eine vertrauenswürdige, im Augenblick nicht berufstätige Fachkraft, organisierte einen genau ausgeklügelten »Dienstplan«, der selbst die abenteuerlichsten Zwischenfälle mit berücksichtigte, und fuhr mit Tränen in den Augen und immer noch Angst im Herzen zu einer Kusine nach Oslo. Ein Wunder trat ein: Der Abstand zwischen Oslo und Rendsburg, das Wissen um den ausgeklügelten Plan im Hinterkopf, die liebevolle Aufnahme durch die Kusine und Norwegens Fjorde taten ihre Wirkung. Es kam zwar nicht zu durchgeschlafenen Nächten. Dafür war der Körper in all den Jahren vorher zu sehr anders programmiert worden. Aber es kam zur Entspannung, zum Abschalten, zum Loslassen von Angst und Sorge. Statt dessen wuchsen Freude und Anteilnahme an einer wunderschönen anderen Umwelt und schließlich – das Wichtigste für Sybille F. – der Mut, in Zukunft regelmäßig etwas für sich zu tun.

Strahlend kam Sybille F. in die Gruppe zurück und erzählte. Sie war von nun an diejenige, die die anderen am nachdrücklichsten daran erinnerte, daß kein Mensch auf die Dauer immer nur geben kann. Wer pflegt, braucht selbst Pflege. Gesine hat die Abwesenheit der Mutter übrigens gut überstanden. Die Pflegerin hatte sich liebevoll und sorgfältig um sie gekümmert, und die ganze Familie war an den Wochenenden mit eingesprungen.

Bertha H. brauchte noch drei Monate, bis auch sie einen Entschluß faßte. Sie beriet sich mit Sybille F. und bat dann den Hausarzt, im Beisein der Mutter ein Machtwort für die Kur zu sprechen. Dann packte sie für sich und ihren Mann die Koffer. Die Angst, durch ihr Fortsein womöglich den Tod der Mutter zu verursachen, war plötzlich weg. Eine Verwandte zog gegen gute Bezahlung für einige Wochen zur Betreuung ins Haus. Und auch hier geschah ein kleines Wunder. Die Mutter wehrte sich nicht mehr gegen eine andere Pflegerin. Irgendwie hatte sie wohl doch begriffen, daß es keinen anderen Weg mehr gab. Und so blieben auch die merkwürdigen Hustenanfälle und die gewohnten Todesdrohungen aus. Das viele Klingeln wurde deutlich weniger. Die Kur verlor das Bedrohliche und wurde statt dessen als gute Chance begriffen. Wegen der großen körperlichen und nervlichen Erschöpfung bekamen Tochter und Schwiegersohn Kurverlängerung, waren volle sechs Wochen weg. Auch das akzeptierte die Kranke. Eine Woche vor dem Ende der Kur schreibt Frau H. an mich: »*Ich bin wieder bereit, meine Aufgaben zu übernehmen. Für Leib, Seele und Geist war die Kur ein schöner Erfolg. Ich bin wieder energiegeladen und fröhlich.*«

Grete P., 68 Jahre, Witwe, pflegt als vierten nahen Angehörigen ihre Mutter. Sie erzählt der Gruppe immer nur in wenigen Sätzen von den Jahren mit dem kranken Vater, der anschließenden Pflege des Schwiegervaters und schließlich von der Zeit mit dem schwerkranken Ehemann. Grete P. hat sie alle bis zum Tod gepflegt, unterbrochen nur von kurzen Krankenhauszeiten. Sie klagt nie. Aber einmal erzählte sie, daß sie als junges Mädchen gern Lehrerin geworden wäre. Seitdem male ich mir manchmal aus, wie ganz anders ihre Lebensgeschichte hätte verlaufen können. Doch das sind meine Gedanken. Ich weiß nicht, ob sie so oder ähnlich auch bei Grete P. vorkommen. Aus einem Brief über ihr jetziges Leben:

… Ja, ich habe meine alte Mutter noch und bin dankbar dafür. Für mich ist das ein Ansporn, auch in der kommenden Zeit alles zu tun, um ihr die langjährige schwere Krankheit zu lindern. Damit sie den Mut zum Leben nicht verliert, möchte ich ihr neben der Pflege auch das Gefühl der Sicherheit und des Geborgenseins geben … Der geschilderte Tag war ruhig und harmonisch. Ein Tag ist aber nicht wie der andere. Es gibt immer wieder Zeiten, die Sorgen, Angst und Schmerzen bringen, dazu die unruhigen Nächte. Alle diese Überlastungen habe ich schon vielfach durchlebt. Bitte haben Sie aber Verständnis, daß es mir schwerfällt, über die erschütternden Zeiten von damals zu schreiben! Ich stoße bei mir auf eine innere Hürde, die ich nicht überwinden kann … Jeder Tag kostet ein Stück meiner Kraft. Bei jeder Dauerpflege taucht ja unweigerlich die Frage auf: »*Woher nehme ich diese Kraft?*« *Ganz besonders darauf geht unsere Gesprächsrunde ein …*

Grete P. ist bisher nicht verreist. Sie fehlt dafür bei keinem Gruppentreffen. Für sie sind allein schon die Gespräche mit den anderen eine Möglichkeit, den Alltag mit neuer Kraft zu bewältigen. Neuerdings nimmt sie sich auch bewußt mehr Zeit für den geliebten Garten. Da sie gern und gut erzählt, habe ich sie gefragt, ob sie nicht nach und nach die Geschichte ihres Lebens aufschreiben möchte, ganz ohne zeitlichen Druck und ohne die Notwendigkeit, schon jetzt an die allzu schmerzlichen Erinnerungen herangehen zu müssen. Ich glaube ohnehin nicht, daß daraus eine Anklage gegen Gott und die Welt würde, sondern eher die Nachzeichnung eines Lebens ohne – nach allgemeinen Vorstellungen – Selbstentfaltung oder Selbstbestimmung, das aber trotzdem seine Erfüllung fand. Da viel Ruhe von ihr ausgeht, denke ich, daß Grete P. ihr Leben mit all dem Schweren darin akzeptiert und sie letztlich für sich einen guten Sinn darin entdeckt hat. Der Gedanke an andere Frauen, die an solchen und ähnlichen Lebensgeschichten zerbrechen, läßt mich trotzdem nicht los!

Ende Januar 1989. *Die Gruppe* wird bald ein Jahr alt. Sie ist inzwischen kleiner geworden. Bei einigen von uns sind die kranken Angehörigen inzwischen verstorben, andere sind verzogen. Wir haben im Laufe des Jahres auf weitere »Werbung« verzichtet, um erst einmal Vertrauen untereinander wachsen zu lassen und den Rahmen von höchstens zwölf Personen nicht zu überschreiten. Irgendwann kommt nun der Zeitpunkt, an dem wir »Initiatoren« uns zurückziehen werden und vielleicht nach einer neuen Gruppe Ausschau halten. So, wie die Gruppe jetzt zusammengewachsen ist, kann sie auch allein weitermachen.
Es ist in diesem Jahr viel geweint worden bei uns – gute, erlösende Tränen und Tränen des Zorns, Tränen der Verzweiflung und Tränen der Erschöpfung. Sie hatten alle ihren Platz und durften sein – genauso wie die Worte der Enttäuschung, der Bitterkeit und des Schmerzes. Manche sitzen ganz still bei uns. Doch Augen und Gesichtszüge sprechen eine deutliche Sprache. Am Ende eines jeden Beisammenseins sind dann aber Ermutigung und Lächeln wieder da, springt ein Funke neuer Kraft von der einen zur anderen über. Einige unter uns haben einen bewußten, festen Draht zu Gott, andere gar nicht so sehr. Sie warten aber alle darauf, daß wir

am Schluß einen kurzen, tröstenden Text lesen, sehr vorsichtig und behutsam und manchmal auch fragend wie Hiob. Wenn es möglich ist, geben wir ihnen diesen Text oder auch mal eine Kunstpostkarte mit nach Hause. Für »große fromme« Worte ist in dieser Gruppe kein Platz. Ich muß mitunter an die stillen Engel Gottes denken. Wir müssen die Augen sehr weit aufmachen, um sie und ihr Tun zu entdecken.

Petra Christian-Widmaier

Sterben zu Hause in der Familie

Wunschdenken und Wirklichkeit aus
soziologischer Sicht

Von den mehr oder weniger zufälligen Orten des Sterbens z. B. auf
der Straße, im Wasser, in der Luft oder unter Tage durch Unfälle,
Suizid, Katastrophen, kriminelle Handlungen usw. abgesehen,
sterben die meisten Menschen in der BRD heute in gesellschaftlichen Einrichtungen, in Krankenhäusern, in Alten- bzw. Pflegeheimen und nicht zu Hause. Gegenüber dieser Tatsache wird immer wieder behauptet, daß viel mehr Menschen zu Hause sterben
möchten oder aber eine ambivalente Einstellung dazu haben[1].
Wollen wirklich viel mehr, gar die meisten Menschen (welche
Menschen?) zu Hause (welches Zuhause?)[2] sterben? Diese Frage
läßt sich nicht mit einem einfachen Ja oder Nein beantworten.
»Krankheit«, und es ist zu vermuten auch Sterben und Tod,
»trifft«, wie Gerhardt/Friedrich (1982) feststellen, »den einzelnen
und seine Familie – je nach ihrem individuellen und familialen Le-
benszyklus – in jeweils spezifischer Weise« (S. 4). In welcher Weise
den einzelnen Sterben und Tod *zu Hause in der Familie* treffen
kann, wird im vorliegenden Beitrag auf dem Hintergrund neuerer
familien- und medizinsoziologischer Einsichten und anhand der
berichteten, konkreten »Begegnung einer Familie mit der Wirklichkeit des Todes« (Jury/Jury 1982) dargestellt. Der Schwerpunkt
der Darstellung liegt hierbei auf der Erfassung zentraler Aspekte
der realen, tatsächlichen *Wirklichkeit* von Sterben und Tod zu
Hause in der Familie. Es scheint mir daher unerläßlich, dieses
Bemühen um Wirklichkeitsnähe zunächst von Tendenzen eines
idealisierenden *Wunschdenkens* abzugrenzen.

Wunschdenken

Etwa mit Beginn der 60er Jahre entwickelte sich vor allem in den Vereinigten Staaten eine allgemeine, also nicht straff organisierte, von vielfältigen und recht unterschiedlichen Aktivitäten, Gruppierungen und Persönlichkeiten getragene soziale Bewegung, die auf eine Veränderung des Bewußtseins und der gesellschaftlichen Verhältnisse in bezug auf Sterben und Tod abzielt und von Lofland (1978) »happy death movement«, von anderen auch »natural death movement«, »death and dying movement«, »death with dignity movement« genannt wird. Wie vergleichbare soziale Bewegungen, verfügt auch diese Bewegung über bestimmte leitende Ideen und praktische Ziele.

Lofland (1978) hat drei Grundideen herauskristallisiert, die das gemeinsame Band, die »Ideologie«, dieser Bewegung ausmachen: Unsterblichkeit, Positivität und Expressivität. Die Idee der Unsterblichkeit beinhaltet die vor allem durch die Erfahrungen sog. »klinisch toter« und wiederbelebter Menschen gestützte Vorstellung von einem Weiterleben nach dem Tod. Dieses »Leben nach dem Tod« ist schön (»pleasant«), bleibt aber in seiner konkreten Form weitgehend offen und relativ unbestimmt. »Positivität« als zweite, wohl wesentlichste Grundidee dieser Bewegung enthält die Gewißheit, daß Sterben, Tod und Trauer für den Sterbenden selbst, seine Angehörigen und Freunde ungeahnte Möglichkeiten der Selbstentfaltung und persönlichen Reifung wecken und der Moment des Sterbens bzw. Eintritt des Todes zu einem bereichernden, wenn nicht sogar beglückenden Erleben gestaltet werden kann. »Death« als »the final stage of growth« – wie bezeichnenderweise ein Buchtitel – herausgegeben von Kübler-Ross (1975) lautet – läßt sich schließlich nicht ohne die dritte Grundidee: »Expressivität«, der möglichst offenen und echten Äußerung aller mit Sterben, Tod und Trauer verbundenen Gefühle, realisieren.

Die positive Grundhaltung gegenüber Sterben und Tod in der »happy-death«-Bewegung geht mit dem praktischen Einsatz für gesellschaftliche Strukturreformen einher, deren Schwerpunkte Lofland (1978) in der Schaffung und Pflege einer spezifischen Gesprächskultur (»death talk«), gesetzlichen Veränderungen und einer Reorganisation des institutionellen Umgangs mit Sterbenden sieht. In offenkundigem Einklang mit der Idee der gefühlsmäßigen »Expressivität« soll das sowohl therapeutische als auch erzieherische Sprechen über Sterben und Tod zur Aufhebung des gesellschaftlichen Schweigens und der Tabuisierung dieses Themas, zur bewußten Akzeptanz des Lebens mit dem Tod und zur unbehinderten und damit verarbeitbaren Trauer bei Abschied und Verlust beitragen. Die Ideen der »Unsterblichkeit« und »Positivität« erleichtern zumindest auch das Eintreten für eine gesetzlich bindende Unterlassung lebensverlängernder medizinischer Maßnahmen in bestimmten Situationen durch z. B. die Abfassung sog. letzter Verfügungen (»living wills«). Das in unserem Zusammenhang jedoch wichtigste Reformziel der »happy-death«-Bewegung bezieht sich auf die Förderung einer Betreuung, Pflege und vor allem auch Pflegeumgebung Sterbender, die sich von den Sterbebedingungen im Krankenhaus unterscheidet. Neben der Etablierung spezieller Einrichtungen wie dem Hospiz wird das Sterben zu Hause befürwortet. »Home death« erscheint hierbei als derjenige Ort, an dem »der Mensch von vertrauten Dingen umgeben ist, geborgen im Schoß seiner oder ihrer Familie und gestärkt durch die Möglichkeit zu sterben, wo sie oder er gelebt hat« (Lofland 1978, S. 84). Ein typisches Beispiel für dieses Sterben zu Hause gibt Kübler-Ross (1977) aus ihrer eigenen Erinnerung:

Ich erinnere mich an den Tod eines Bauern in meiner Kindheit. Er fiel vom Baum und wurde tödlich verletzt. Seine einzige Bitte, daheim sterben zu dürfen, erfüllte man sofort. Nacheinander rief er jede Tochter ans Bett, um ein paar Minuten allein mit ihr zu sprechen. Trotz großer Schmerzen ordnete er ruhig seine Angelegenheiten und verfügte über das Hab und Gut, das zu Lebzeiten seiner Witwe nicht aufgeteilt werden sollte; er bat jedes Kind, die Arbeiten und Pflichten auf sich zu nehmen, die er bis zu seinem Unfall selbst geleistet hatte. Seine Freunde wurden gebeten, ihn noch einmal zu besuchen, und obwohl ich damals noch klein war, nahm er mich und meine Geschwister von diesem Abschiedsbesuch nicht aus. Wir durften an der Vorbereitung der Familie und an ihrer

Trauer teilnehmen. Als der Bauer gestorben war, blieb er bis zur Beerdigung in dem Haus, das er selbst gebaut und sehr geliebt hatte, blieb unter Freunden und Nachbarn. Man kennt dort nicht die Aufbewahrungsräume, die wie ein Schlafzimmer aufgemacht sind, nicht das Make-up, das friedlichen Schlaf vortäuscht. Nur die Spuren sehr entstellender Leiden werden mit Binden verhüllt, und nur bei ansteckenden Krankheiten holt man die Leiche vor der Bestattung aus dem Trauerhaus (S. 12/13).

Der berechtigte Wunsch, zu Hause zu sterben, ist nicht in Zweifel zu ziehen. Ebensowenig können die gravierenden Probleme des Sterbens im Krankenhaus bestritten werden. Es fragt sich aber erstens, ob das von der »happy-death«-Bewegung vorgeschlagene »home-death«-Modell nicht Elemente eines idealisierenden Wunschdenkens enthält, sei es durch eine allzu schwarzweiß gemalte Gegenüberstellung zum Kliniktod, sei es durch einen verklärenden Rückgriff auf frühere Zeiten. Koch/Schmeling (1982) stellen z. B. fest:

Bei der heutigen Diskussion um das »unmenschliche Sterben« entsteht leicht der Eindruck, als seien Tod und schwere Krankheiten früher leichter zu ertragen gewesen. Wir möchten aber bezweifeln, daß das Bild von dem Sterbenden, der – geborgen in der um ihn versammelten Familie – seinem Tod ins Auge sieht und mit klarer Stimme seine Angelegenheiten regelt, immer der Realität entsprochen hat. Man muß bedenken, daß der akute Tod viel plötzlicher als heutzutage in das Schicksal von Familien eingriff, daß diejenigen besonders frühzeitig betroffen waren, die unter schlechten ökonomischen Bedingungen lebten (schlechte Ernährung, schlechte Hygiene und schlechte Wohnverhältnisse), und daß medizinische Hilfe für Sterbende kaum gegeben war (z. B. Schmerzmittel, künstliche Ernährung). Familien konnten beim Tod des Vaters oder der Mutter häufig nicht in ihrer bisherigen Form weiter existieren (Heimeinweisungen für Kinder, Armenhaus) (S. 5).

Zweitens stellt sich die Frage nach den Auswirkungen eines als vorbildlich dargestellten, menschenwürdiges Sterben verbürgenden Modells für diejenigen, die nicht zu Hause sterben können oder wollen, und deren Angehörige[3]. Schmied (1985) hat diese Anfrage in grundsätzlicher Weise folgendermaßen formuliert: »Es bleibt aber zu fragen, ob eine zu positive Sicht des Todes nicht in bestimmten Ernstfällen zusätzlich sehr belastende Enttäuschungserlebnisse (›Es ist doch schrecklich‹) oder gar das Gefühl, ein Versager zu sein (›Warum gelingt es mir nicht, so etwas wie ›Selbstverwirklichung‹ zu erleben?‹), hervorruft. Viele, die zu den prägenden Figuren in der Happy Death Movement gerechnet werden müssen, wollten mit ihren Darstellungen und Appellen dem ›Tabu‹ oder der ›Verdrängung‹ des Todes entgegenwirken. Und hier kommt der Verdacht auf, ob nicht eine Perspektive, die die möglichen Schrecken des Todes zu blaß erscheinen läßt, eine sehr subtile Form der Verweigerung sein kann, das Faktum ›Tod‹ in seiner ganzen Tragweite zu akzeptieren« (S. 93).

Wirklichkeitsaspekte

Bei der Darstellung zentraler Aspekte der *Wirklichkeit* von Sterben und Tod – fürs erste generell und dann zu Hause in der Familie – müssen zunächst Grunddaten der Sterblichkeits- und Todesursachenstatistik berücksichtigt werden. Nach Cornelius (1984) läßt sich im Hinblick auf die allgemeine Sterblichkeitsentwicklung in der BRD im Zeitraum von 1970–1980 ein allgemeiner Sterblichkeitsrückgang mit einem entsprechenden Gesamtzuwachs an Lebenserwartung und in bezug auf die Altersdifferenzierung der Sterblichkeit eine Konzentration der Sterbefälle auf vorwiegend höhere Altersgruppen verzeichnen. »Entfiel 1970 die Hälfte aller Sterbefälle auf die Altersgruppen bis zu 72,4 Jahren, so verschob sich diese Grenze bis 1980 auf 74 Jahre« (S. 259). Der allgemeine Sterblichkeitsrückgang und die insgesamt hohe durchschnittliche Lebenserwartung haben mit dazu beigetragen, daß Sterben und

Tod in der Familie seltener vorkommen und erlebt werden *(seltenes Sterben)*.

Hinsichtlich der Todesursachen stehen die Kreislaufkrankheiten an erster Stelle, gefolgt von den bösartigen Neubildungen. »Allein auf die Krankheiten des Kreislaufsystems und die Neubildungen als Todesursachen konzentrierten sich 1970 schon 64 % aller Todesfälle, das Anwachsen dieses Anteils auf 73 % im Jahr 1980 verdeutlicht die zunehmende Tendenz zur Konzentration der Sterbefälle auf wenige Todesursachengruppen« (Cornelius 1984, S. 260). Geht man davon aus, daß diese Todesursachengruppen im allgemeinen zu einem langen Leiden führen bzw. zu den sog. chronisch-degenerativen Erkrankungen zu rechnen sind, so ist ein *langes Sterben* für die Wirklichkeit von Sterben und Tod heute charakteristisch.

Was bedeutet die Tatsache, daß die »langen Tode zunehmen und die kurzen abnehmen« (Schmied 1985, S. 20) für das Sterben zu Hause in der Familie? Noch immer ist festzustellen, daß auch in den 80er Jahren in der BRD trotz des überwiegend langen Sterbens von allen Gestorbenen insgesamt über 50 % ihr Leben im Krankenhaus beendet haben[4]. Verläßliche Angaben zur Anzahl der Gestorbenen in Alten- und Pflegeheimen sowie zu Hause lassen sich nicht in Erfahrung bringen[5]. Darüber hinaus scheint gerade beim langen Sterben vor allem infolge einer Krebserkrankung das wiederholte *Pendeln* zwischen längerem und kürzerem Krankenhausaufenthalt und Rückkehr nach Hause (mit langfristig geplantem oder eher zufälligem Todeseintritt hier oder dort), wie persönliche Erfahrungsberichte nahelegen (Lerner 1978, Noll 1987, Sibley 1988, Tausch/Tausch 1985, Wander 1980), häufig zu sein. Die Wirklichkeit des Sterbens zu Hause erweist sich schließlich insbesondere in der meist stillschweigend vorausgesetzten Gleichsetzung von zu Hause mit einer verkürzten Sicht der modernen Familie als komplizierter, als dies zunächst den Anschein hat.

Neuere familien- und medizinsoziologische Einsichten sowie das Leben der Familie am »Rande der Krise«

In der Literatur wird das Sterben erwachsener Menschen zu Hause unter vielfältigen räumlichen, zeitlichen, psychosozialen und Versorgungsaspekten dargestellt. Auf das *familiäre* Zuhause bezogen, überwiegen fast durchgehend negative Befunde, die thesenartig zusammengefaßt etwa folgendermaßen lauten:

- Durch die zunehmenden »Kleinfamilienwohnungen« gibt es keinen Platz für einen monatelang zum Tode kranken Familienangehörigen. Aber auch die Wohnbedingungen selbst (z. B. Treppenstufen, sanitäre Anlagen) und die Ausstattungsmöglichkeiten des Wohnraums mit Hilfsmitteln, medizinischen Geräten und Pflegeutensilien erscheinen oft unzureichend *(räumlicher Aspekt)*.
- Durch die Verkleinerung der Familie auf die Gatten bzw. Vater, Mutter und Kind(er), die durch Berufstätigkeit sowie Kindererziehung voll ausgelastet sind, fehlt es an Zeit zur Betreuung eines schwerkranken Angehörigen *(zeitlicher Aspekt)*.
- Durch die Isolation der Kleinfamilie – die nächsten Verwandten wohnen örtlich getrennt und mitunter weit entfernt – stehen keine familiären Hilfs- und Pflegepersonen zur Verfügung. Und selbst dort, wo sich im allgemeinen weibliche Familienmitglieder (Ehefrau, Tochter, Mutter, Schwester) zur Versorgung bereitfinden, sind sie oft körperlich und pflegerisch überfordert. Die spezialisierte Dauerpflege Schwerstkranker und Sterbender gehört nicht zu den üblichen Aufgaben der Familie. Ambulante Pflege- und Sozialdienste sowie hausärztliche Unterstützung beispielsweise bei der Schmerzlinderung und Symptomkontrolle scheinen unerläßlich *(Versorgungsaspekt)*.
- Durch das »seltene Sterben« in der Familie, das wiederum eine frühzeitige Einübung verhindert, und durch die zunehmende emotionale Bedeutsamkeit der engsten Familienmitglieder füreinander werden Sterben und Tod zu etwas Bedrohlichem und Unfaßbarem, dem sich die Familie schließlich auch psychisch selten gewachsen fühlt *(psychosozialer Aspekt)*.

Sosehr das Sterben zu Hause in der Familie gewünscht werden mag, so wenig scheint die isolierte, mehr oder weniger funktionslos gewordene Kleinfamilie dazu in der Lage zu sein.

Neuere familiensoziologische Arbeiten haben gezeigt, daß dieses Bild der modernen Familie erstens als isolierte Kleinfamilie eine verkürzte Betrachtungsweise darstellt. Es gibt recht unterschiedliche Familientypen, wobei »neben der Drei-Generationen-Familie für die städtische Familie heute vor allem der Typus der erweiterten Verwandtschafts-Familie (gilt)«[6]. Eine verkürzte Betrachtungsweise liegt zweitens aber auch in bezug auf den angenommenen Funktionsverlust der modernen Familie vor. »Wir haben es«, wie Friedrich (1981) festhält, »nicht so sehr mit einem Funktionsverlust, sondern mit einer Funktionsverschiebung zu tun, die darauf hinausläuft, daß die Familie selbst in den traditionellen Funktionen niemals die Funktionen gänzlich verloren hat, sondern daß sie Funktionen mit immer mehr außerfamilialen gesellschaftlichen Einrichtungen einschließlich des medizinischen Systems teilt, aber von diesen gleichsam auch mit neuen Aufgaben konfrontiert wird« (S. 19). So ist auf dem Hintergrund gesundheitspolitischer Bestrebungen wie etwa der Verringerung der Verweildauer in den Krankenhäusern unübersehbar, daß in zunehmendem Maße psychisch und chronisch Kranke zur weiteren Nachsorge und Rehabilitation von den klinischen Einrichtungen an die Familie zurückverwiesen werden. Es ist zu erwarten, daß dies auch verstärkt für Todkranke und Sterbende gelten wird. Ist die Familie so, wie sie nach neueren familiensoziologischen Einsichten differenzierter gesehen werden muß, in der Lage, diese Aufgabe zu bewältigen?

Friedrich (1981) und Gerhardt/Friedrich (1982) sind dieser Frage unter der zusätzlichen Berücksichtigung medizinsoziologischer Forschungsergebnisse in bezug auf die familiäre Bewältigung von chronischer Krankheit nachgegangen. Nun läßt sich eine chronische Erkrankung sicher nicht ohne weiteres mit einer tödlichen Erkrankung gleichsetzen. Es gibt aber Parallelen. So wird z. B. das heute typische Sterben weitgehend übereinstimmend durch seine Länge (»langes Sterben«) und – wie noch hinzuzufügen wäre – seine Prozeßhaftigkeit (»Sterben in Phasen«, Schmied 1985) charakterisiert. Die Länge und spezifische Verlaufsformen konnzeichnen aber auch eine chronische Krankheit. Gibt es also Parallelen, so liegt es nahe anzunehmen, daß sich die Probleme und Problemlösungsversuche, die sich der Familie bei der Bewältigung einer chronischen Krankheit stellen, in vergleichbarer Weise auch bei der Bewältigung von Sterben und Tod ergeben.

Die oben genannten Autoren heben zunächst grundsätzlich hervor, daß sich die heutige Familie nicht zuletzt aufgrund ihrer offenen Struktur und Mehrfunktionalität in außerordentlich flexibler Weise auch auf schwere Belastungen einzustellen vermag. Die Familie neige sogar dazu, in Notzeiten ihre Anpassungsleistungen in einem Höchstmaß zu steigern. Damit ist die Familie aber zugleich einer besonderen Gefährdung durch ihre Überforderung ausgesetzt, durch die ihre einzigartige Fähigkeit zur flexiblen Anpassung in einen zerstörerischen Prozeß umschlagen kann.

Insgesamt läßt sich jedoch sagen, daß die im Prinzip flexible und anpassungsfähige moderne Familie, wenn auch unter ständiger Aufrechterhaltung eines gefährdeten Gleichgewichts, grundsätzlich in der Lage ist, chronische und lebensbedrohliche Erkrankungen eines Mitglieds zu ertragen und zu bewältigen. Nichtsdestoweniger bedeutet dies für den Schwerkranken und für den Todkranken und Sterbenden erst recht und dessen Familie »ein *Leben am Rande der Krise*« (Friedrich 1981, S. 17; eigene Hervorhebung). Ob diese familiäre Lebenskrise bewältigt werden kann, hängt familien- und medizinsoziologisch gesehen im wesentlichen von vier Grunddimensionen ab, die nachfolgend kurz skizziert und im letzten Teilabschnitt anhand der realen »Begegnung einer Familie mit der Wirklichkeit des Todes« konkret veranschaulicht werden sollen.

Diese vier Grunddimensionen sind in Anlehnung an Friedrich (1981):

1. Die *Struktur der Familie*, der *Familienzyklus*, in dem sich die Familie gerade befindet, und die *Vorgeschichte der Familie* in bezug auf den bisherigen Umgang mit familiären Problemen.
2. Die *Art der Krankheit*, die je nach Integrations- und Adaptionsfähigkeit der Familie z. B. zur vorübergehenden oder dauerhaften Lähmung ihrer Handlungsmöglichkeiten, aber auch zur Umstellung der familiären Rollenaufteilung und Neufest-

legung eines befriedigenden, gemeinsamen Familienziels führen kann.

3. Mit der Art der Erkrankung hängt die *Definition der Krankheit*
   durch die Familie und das soziale Umfeld eng zusammen. So
   kann beispielsweise eine chronisch-degenerative Erkrankung
   eines Familienmitglieds mit auffallenden psychischen Veränderungen die Familie isolieren und damit die Inanspruchnahme
   außerfamiliärer Hilfen einschränken, aber auch den Zusam-
   menhalt innerhalb der Familie stärken oder den Zugang zu
   anderen Formen der Unterstützung (etwa Selbsthilfegruppen)
   ermöglichen.

4. Der *Verlauf der Krankheit* schließlich – vor allem, wenn er
   schwer voraussagbare Rückfälle oder plötzliche Verschlechte-
   rungen enthält – kann die Familie vor die lösbare, aber auch
   unlösbare Aufgabe der kontinuierlichen Abwandlung ihrer
   Organisationsformen und Versorgungsarrangements stellen.

Zur »Begegnung einer Familie mit der Wirklichkeit des Todes«

Abschließend sei der Einfluß der zuvor skizzierten Grunddimensionen: Struktur der Familie, Familienzyklus und Vorgeschichte
der Familie sowie Art, Definition und Verlauf der Krankheit auf die
Bewältigung der Krise, in die die Familie durch schwere Erkrankung, Sterben und Tod eines Familienmitglieds gerät, anhand eines
konkreten Beispiels veranschaulicht. Bei diesem Beispiel handelt
es sich um den persönlichen Erfahrungsbericht[7] der beiden Enkel
Mark und Dan Jury (1982) über das Altern, das Sterben und den
Tod ihres Großvaters Frank C. Tugend, genannt »Gramp«.

Frank C. Tugend wurde 1892 in Scranton/Pennsylvania/USA geboren. 54 Jahre lang arbeitete er als Fördermaschinist im Kohle-
bergwerk. 1917 heiratete er Anna Margaret Schmidt, genannt
»Nan«, die ihm drei Kinder gebar: die Töchter Anna und Florence
und den Sohn Frank junior. 1924 kaufte Frank Tugend »ein Stück

Land außerhalb der Stadt« und baute dort für sich und seine Familie »mitten im Wald ein herrliches Haus« (S. 12). In diesem Haus in Glenburn lebte das Ehepaar Tugend, nunmehr Mitte-Ende 70 Jahre alt, zusammen mit der unverheirateten Tochter Florence, genannt »Nink« (»sie ist von Beruf Lehrerin und hat immer bei den Eltern gelebt«, S. 18), als Frank Tugend krank wurde. Der Sohn Frank junior war jung gestorben, die Tochter Anna hatte geheiratet und wohnte in New Haven/Indiana. Deren Tochter und drei Söhne Richard, Mark und Dan Jury verbrachten regelmäßig ihre Sommerferien bei den Großeltern. Der 1944 geborene Mark Jury hatte sich mit seiner Frau Dee und ihren beiden Kindern Hillary und Joshua in Clark's Summit, etwa 3 Kilometer von Glenburn entfernt, seßhaft gemacht. Auch sein Bruder Dan Jury, 1953 geboren, ledig, ebenfalls freiberuflicher Fotojournalist und zudem Student eines College, lebte in Clark's Summit.

Betrachtet man die *Struktur der Familie Tugend*, so entspricht sie ziemlich genau dem geltenden Typus der »erweiterten Verwandtschafts-Familie«, bei dem »Kernfamilien oder unverheiratete Familienmitglieder in enger geographischer Nähe zusammenleben« (vgl. Anmerkung 6).

Die *Familienzyklusphase*, in der sich die Familie zu Beginn der Erkrankung Frank Tugends befand, war zum einen durch dessen relativ frühen Ruhestand geprägt. Zusammen mit dem früh eingeübten Ruhestand und dem, wenn auch unvollständigen, Auszug der Kinder läßt sich die Phase in etwa mit einer modifizierten, jahrzehntelang eingespielten »nachelterlichen Gefährtenschaft« (Rosenmayr 1966) umschreiben.

Zur *Vorgeschichte der Familie Tugend* im früheren Umgang mit familiären Problemen ist dem Erfahrungsbericht zu entnehmen, daß Krankheiten bislang offenbar keine belastende Rolle im Familienleben gespielt haben. Um so einschneidender und unvorbereiteter traf die Familie wohl der plötzliche Tod des Sohnes, dessen Verlust vor allem der Vater, wie spätere Vermeidungstendenzen anzeigen, nicht ganz verarbeitet zu haben scheint.

Vergegenwärtigt man sich noch einmal kurz die Struktur der Familie Tugend, die recht ruhige und stabile Phase gegen Ende des Familienzyklus und die wohl kaum krankhaft zu nennende Verarbeitung eines schweren, familiären Verlusterlebnisses, so sind dies relativ günstige Voraussetzungen für die Bewältigung einer krankheitsbedingten Familienkrise. Gleichwohl wurde diese Familie durch die Art, die Definition und vor allem den Verlauf der Krankheit Frank Tugends vor eine harte Probe gestellt, wie dies durch den Hinweis auf die »drei Jahre während Prüfung« in der Einleitung des Erfahrungsberichts unmißverständlich zum Ausdruck kommt.

Die *Vorstellungen, Bezeichnungen und Einschätzungen zur Krankheit* des Großvaters entwickelten sich beim Betroffenen selbst und seiner Familie ganz oder teilweise anders als beim Hausarzt sowie den Nachbarn und Bekannten. Dies sei an einigen wenigen Beispielen verdeutlicht. Während Frank Tugend seine anfängliche Erfahrung, nicht mehr zu wissen, wer und wo er war und wer die Leute um ihn herum waren, zunächst voller Bestürzung und Angst verheimlichte, betrachtete seine Familie seine »›Schrullen‹« zu Beginn »als Folge einer gewissen Senilität« (S. 33). Als sich dann neben verschiedenen körperlichen Beeinträchtigungen »schwere zunehmende Verhaltensveränderungen einstellten«, wurde der Hausarzt aufgesucht, der erst eine »Arterienverkalkung« und später dann ein »organisches Hirnsyndrom« diagnostizierte. Im Rückblick der beiden Enkel Marc und Dan Jury litt ihr Großvater unter jenem »Übel, das von den einen als Vergreisung, von den anderen als Arterienverkalkung oder allgemeine Arteriosklerose bezeichnet wird« (S. 7).

Dieses »Übel« ließ wiederum die Nachbarn und Leute der Umgebung glauben, »daß Gramp seinen ›Verstand verloren hat‹« mit der Folge, daß die Familie in ihrem alten Freundes- und Bekanntenkreis isoliert wurde. Eine Gruppe junger Leute, Dan Jurys Freunde aus dem College, die Frank Tugend von früher nicht gekannt hatten, entdeckten dagegen »diesen völlig ungezwungenen alten Gentleman« für sich und fanden »Gramps Gesellschaft hochinteressant« (S. 68).

Mark und Dan Jury (1982) haben den insgesamt dreijährigen *Krankheitsverlauf* ihres Großvaters in sieben Stadien eingeteilt. Der von der Familie noch weitgehend unbemerkte, schleichende Beginn der Erkrankung um den Juli 1970 herum kündigte sich bei dem 78jährigen Frank Tugend zunächst nur durch »warnende Vorzeichen«, wie die Aufgabe jahrzehntelanger Gewohnheiten, z. B. das Autofahren, an.

Im Verlauf der nächsten rd. 12 Monate veränderte sich dann seine Persönlichkeit, »schrittweise zwar, aber dennoch auf eine endgültige Weise« *(1. Stadium)*. Aus dem zuvor »scheuen und zuvorkommenden« wurde ein »ausgesprochen grantig(er)« und unhöflicher Mann. Zur notwendigen familiären Verarbeitung dieser Persönlichkeitsveränderung kam die Konfrontation mit einer Entwicklung hinzu, die ebenfalls Besorgnis in der Familie erregte.

Gramp passierte etwas, was wir sein ›Malheur‹ nannten – er schaffte es nicht mehr rechtzeitig auf die Toilette. Das kam zwar zunächst noch ziemlich selten vor, aber zugeben konnte es Gramp trotzdem nicht – ja, er wurde ärgerlich und streitsüchtig, wenn die Rede darauf kam (S. 29).

Im darauffolgenden Jahr, im Juni 1971, nahmen die Orientierungsprobleme Frank Tugends zu. Die Familie suchte daraufhin Hilfe beim Hausarzt, der »uns die Folgen einer Arterienverkalkung erklärte«, ein Kreislaufmittel verschrieb und erstmals die Frage des Pflegeheims aufwarf. Die Familie war sich einig, »daß wir Gramp nirgendwohin geben«, sondern durch die ärztliche Vorstellung »lediglich sichergehen wollten, daß auch in medizinischer Hinsicht alles für ihn getan würde« (S. 45).

In diesem *2. Stadium* des Krankheitsverlaufs wurde Frank Tugend auch bei der Körperpflege, zunächst beim Rasieren, zunehmend von anderen abhängig. Es scheint bemerkenswert, daß in der Familie Tugend hierbei offenbar weniger die Ehefrau und Tochter, sondern zwei Enkelsöhne in die versorgenden und pflegerischen Rollen hineinwuchsen[8].

Ein Jahr später, im Juli 1972, dem *3. Stadium*, lebte Frank Tugend in einer »ureigenen Welt« mit einer »bunte(n) Fülle der verschiedenartigsten Geschöpfe«, und auch seine Art, sich anzuziehen, gestaltete sich »immer fantasievoller« (S. 50). Darüber hinaus wurde er in vieler Hinsicht »ebenso kindisch wie kindlich«, was es z. B. dem Ehepartner, wie auch in dieser Familie, schwer machte, zu verarbeiten, daß frühere spezifische Rollen nicht mehr wahrgenommen und eine Veränderung der Rollenaufteilung in der Familie notwendig werden.

Zu einer stärkeren Verunsicherung des familiären Gleichgewichts kam es dann im September 1973, dem *4. Krankheitsstadium*, als sich das bizarre Verhalten Frank Tugends verstärkte, als sich eine »Zerstörungslust« an ihm bemerkbar machte, die besonders Anna Tugend stark belastete, und er nicht nur »tagtäglich auf Trab« war, sondern auch begann, die Nacht zum Tag zu machen. Der Hausarzt hat das Problem, daß die Familie nun zu bewältigen hatte, folgendermaßen zusammengefaßt:

Aus irgendeinem Grund verwechseln die Leute, wenn sie senil werden – das heißt, wenn sie ein organisches Hirnsyndrom entwickeln – den Tag mit der Nacht. Sie irren dann die ganze Nacht umher. Und darin liegt das eigentliche Problem des Alterns – die Familie muß sich buchstäblich rund um die Uhr als Krankenschwester betätigen. Wäre der alternde Mensch immer nur am Tag oder immer nur sechs oder acht Stunden lang pflegebedürftig, so wäre das tragbar. Doch es sind jeden Tag vierundzwanzig Stunden, und das macht es für die Familie so schwierig, für die Alten zu sorgen (S. 74).

Frank Tugend irrte in dieser Zeit nicht nur die ganze Nacht umher, sondern wurde auch beim Anziehen, Frühstückmachen, Essen und Saubermachen nach »Mißgeschicken« mehr und mehr hilfsbedürftig und abhängig.

Im Februar 1974 *(5. Stadium)* spitzte sich schließlich die familiäre Situation krisenhaft zu, als Frank Tugend die Kontrolle über seine Blasen- und Darmfunktion endgültig verlor.

Die Zeit, vor der wir uns alle fürchteten, die aber unvermeidlich kommen mußte, überraschte uns ohne Vorwarnung – Gramp konnte seinen Stuhlgang nun überhaupt nicht mehr kontrollieren. An einem einzigen unbeschreiblichen Tag verwandelte sich der Haushalt der Tugends in eine Art von militärischem Operationsfeld, auf dem es nur noch um Windeln, Rollen von Toilettenpapier und die aufeinander abgestimmten ›Einsatzkommandos‹ ging, die ihn saubermachten, bevor das nächste ›Mißgeschick‹ passierte.

Diese Krise kam so unerwartet und brach so heftig über uns herein,
daß keiner von uns so richtig merkte, daß die Zeit angebrochen war,
vor der wir uns alle gefürchtet hatten. An diesem Tag sprach Nan die
Gefühle eines jeden von uns aus, als sie, zu niemand besonderem,
sagte: ›Bei Gott, es ist eine qualvolle Prüfung!‹
Gramp war über die Entwicklung der Dinge genauso verstört wie
wir selbst. Auf jedes ›Mißgeschick‹ reagierte Gramp mit einem irri-
tierten Brummton. Nachdem wir unzählige Male mit ihm auf der
Toilette gewesen waren (an diesem Vormittag hatten wir nach dem
neunten Mal aufgehört zu zählen), sagte Dee: ›Nein, bitte, Gramp,
du hast doch nicht schon wieder in die Hosen gemacht, nicht wahr?‹
›Nein‹, antwortete Gramp, ›das war der andere Kerl‹ (S. 94).

Spätestens in diesem Stadium kann vom Familienleben der Tugends als von einem »Leben am Rande der Krise« (Friedrich 1981)
gesprochen werden mit der Bereitstellung eines Krisenmanage-
ments und der Mobilisierung zusätzlicher familiärer Ressourcen,
indem z. B. Dan und Dee Jury, Mark's Ehefrau, vorübergehend zu
den Großeltern zogen, »um dort im Haus mitzuhelfen«. Erneut
wurde der Hausarzt konsultiert, der zum zweitenmal ein Pflegeheim zur Diskussion stellte, über das Florence Tugend auch Informationen einholte.

Es sollte 750 Dollar im Monat ›zuzüglich Arzneimittel‹ kosten.
Außerdem erfuhren wir, daß Gramp zweifellos in einem solchen
Pflegeheim ›ruhiggestellt‹, in bestimmten Situationen am Bett
festgeschnallt werden würde – sein ruheloses Auf- und Abgehen
hätte man dort nicht geduldet (S. 102).

Da diese Bedingungen unannehmbar erschienen, war die Familie
jetzt in ein auswegloses Dilemma geraten, dessen Lösung daher
zunächst einmal aufgeschoben wurde mit dem Ziel, sich nach einer
kurzfristigen beruflichen Abwesenheit Mark Jurys weiter zu beraten. In dieser Zeit, in der die Handlungsmöglichkeiten der Familie
gelähmt waren, gab Frank Tugend den Kampf auf. Er gab sich
geschlagen, »besiegt von den Frauen der Jahreszeit« (S. 105), und

45

tat dies, indem er sein künstliches Gebiß herausnahm und Dan
Jury mit den Worten übergab, »daß er es nicht braucht und daß er
nichts mehr essen will« (S. 102).

In den nächsten 3 Wochen bis Anfang März 1974 *(6. und 7. Stadium)* verweigerte Frank Tugend zunächst feste und dann auch
flüssige Nahrung. Erneut wurde der Hausarzt zu Rate gezogen,
der erklärte, »daß es keine Möglichkeit gäbe, Gramp zum Essen
zu bewegen – außer der Zwangsernährung in einem Krankenhaus«. Vor diese Wahl gestellt wurde der Familie klar, daß dies ein
»Ausweg« war, »den die Familie nie akzeptiert hatte« (S. 106). So
entwickelte sich aus dieser Entscheidung mehr oder weniger indi-
rekt ein von allen geteiltes »gemeinsames Familienziel« (Friedrich
1981), an dem bis zum Schluß festgehalten wurde.

*Nachdem wir wieder einmal lange darüber gesprochen hatten, daß
Gramp sich immer geweigert hatte, sich einer Institution wie dem
Krankenhaus auszuliefern, stellte Nink fest: ›Diese Diskussionen
helfen uns sicher nicht, überhaupt irgendeinen Entschluß zu fassen!‹ Worauf ich erwiderte: ›Manchmal faßt man Entschlüsse, indem man keine Entschlüsse faßt.‹ Und tatsächlich, der unausge-
sprochene Plan kam durch eine fast unbewußte Übereinstimmung
aller Beteiligten zustande: Wir würden nicht in Gramps Schicksal
eingreifen, das er selbst aus einer ihm innewohnenden Kraft vorbe-
stimmt hatte. Wenn ihm Schmerzen sein Leben zur unerträglichen
Qual machen sollten, so würden wir darauf bestehen, daß er durch
Medikamente davon befreit würde. Sonst aber sollte alles Gramp
überlassen bleiben (S. 106).*

Trotz dieser übereinstimmenden familiären Zielsetzung wurde immer wieder der Versuch unternommen, Frank Tugend zum Essen
und Trinken zu bewegen, was dieser ebenso beharrlich zurückwies
mit der Folge, »daß er Tag für Tag schwächer wurde«. Je schwächer er nun aber wurde, desto einfacher wurde seine Pflege.

*Da er körperlich nun nicht mehr imstande war, sein Zimmer auf
den Kopf zu stellen, konnte Nink (zum erstenmal seit über einem
Jahr) Gramps Bett neu beziehen. Mit Windeln und Gummihös-*

*chen wurden wir der ›Mißgeschicke‹ Herr, und wir entdeckten
auch, daß es unsinnig war, Gramp jeden Tag von neuem anzuziehen; sein Bademantel war nun sein einziges Kleidungsstück.
Gramp selbst döste fast den ganzen Tag über in einem Sessel vor
sich hin (S. 122).*

Gegen Ende der letzten drei Wochen glitt Frank Tugend schließlich »in eine Art von Koma«. Der Hausarzt, der ihn untersuchte,
stellte fest, »daß Herz und Lunge nach wie vor einwandfrei funk-
tionierten«, und daß er im Krankenhaus am Leben erhalten werden könnte. »Doch der Standpunkt der Familie war unverrück-
bar ...« (S. 129). Was sich Frank Tugend aus der Sicht der Familienmitglieder in diesen letzten Tagen statt dessen »wirklich
wünschte, war, daß immer jemand bei ihm sein sollte« (S. 138) und
seine Hand hielt. Hierbei lösten sich offenbar alle engeren Familienangehörigen, einschließlich der damals vierjährigen Urenkelin
Hillary, der Tochter Mark Jurys, ab. »Am Ende fiel Gramp in
einen sehr tiefen Schlaf. Neun oder zehn Stunden lang rührte er
sich nicht«, ... dann »wurde er plötzlich sehr lebhaft. Er bewegte
seine Arme ..., stöhnte leise« und starb (S. 142).
Einer der Tugend-Enkel hat seine Empfindungen unmittelbar
nach dem Tod seines Großvaters folgendermaßen zum Ausdruck
gebracht:

*Als der Bestattungsunternehmer gegangen war, betrachtete ich das
leere Bett und begriff plötzlich: die Qual war vorbei. Drei Jahre lang
hatte sich unser Leben – durch Babysitting, ›Mißgeschicke‹, Win-
delumlegen und ein ständiges Auf-dem-Trab-sein – fast nur um dieses Zimmer gedreht.
Jetzt war es leer.
Zu meiner Überraschung spürte ich keine große Erleichterung darüber, daß Gramp für immer fort war. Statt dessen empfand ich eine
gewisse Leere, und ich hatte das Gefühl, daß uns seine Verrückthei-
ten in unserem Leben fehlen würden – vor allem aber empfand ich
eine große Hochachtung für diesen zähen alten Bergarbeiter. ›Du
hast's geschafft, Gramp‹, dachte ich, ›jetzt hast du's wirklich geschafft‹ (S. 150).*

Anmerkungen

1. Als ein Beispiel dieser ambivalenten Einstellung sei hier Schmoll (1979) zitiert: »Bei den Sterbenden selbst kann man eine eher ambivalente Einstellung zur Frage der Hospitalisation zum Sterben beobachten: auf der einen Seite möchten sie gerne zu Hause, im Kreise ihrer Familie, in ihrer gewohnten Umgebung die letzten Lebenstage verbringen, auch wenn die hygienischen Probleme nicht so gut bewältigt werden können wie im Krankenhaus, auch wenn den Schmerzen nicht so gut begegnet werden kann wie in der Klinik. Auf der anderen Seite möchten sie ihren Verwandten nicht die Belastung der Pflege auferlegen, ihnen ihr Sterben nicht zumuten. Oder sie haben Hemmungen mit der Einwilligung in die Entlassung nach Hause formal zuzugeben, daß jetzt der Kampf aufgegeben wurde und der Tod nahe bevorsteht« (S. 46).

2. Der kleinste gemeinsame Nenner, der in der thanatologischen Literatur mit dem Ausdruck »zu Hause« verbunden wird, scheint der der vertrauten Umgebung mit vertrauten, nahestehenden Menschen zu sein. Ganz in diesem Sinn spricht Schütz (1972) generell davon, daß »sich ›zu Hause‹ oder ›heimelig‹ zu fühlen, ein Ausdruck für den höchsten Grad der Vertrautheit und Intimität (ist)«. Darüber hinaus bringt er die Begriffe »zu Hause«, »Heim« bzw. »daheim« in Zusammenhang mit einem besonderen, durch organisierte Routinemuster gekennzeichneten und aus kleinen, aber wichtigen Elementen bestehenden *Lebensstil.*

   »Was jedoch müssen wir als ›Heim‹ verstehen, ›Heim ist, von wo man ausgeht‹, sagt der Dichter. ›Das Heim ist der Ort, zu dem der Mensch zurückkehren möchte, wenn er davon entfernt ist‹, sagt der Jurist. Das Heim ist sowohl Ausgangspunkt wie auch Endpunkt. Es ist der Nullpunkt des Koordinationssystems, womit wir die Welt überziehen, um uns in ihr zurechtzufinden. Geographisch bedeutet ›Heim‹ einen bestimmten Fleck auf der Erdoberfläche. Wo ich zufällig bin, da ist mein ›Aufenthalt‹; wo ich bleiben möchte, ist mein ›Wohnsitz‹; von wo ich herkam und wohin ich zurückkehren möchte, dort ist mein ›Heim‹. Aber Heim ist nicht bloß Heimstatt – mein Haus, mein Zimmer, mein Garten, meine Stadt –, sondern alles, wofür es steht. Der symbolische Charakter des Begriffes ›Heim‹ weckt bestimmte Gefühle und ist schwer zu beschreiben. Heimat bedeutet für verschiedene Leute Verschiedenes. Es meint natürlich das Haus des Vaters und die Muttersprache, die Familie, den geliebten Menschen, die Freunde; es meint auch eine geliebte Landschaft, ›die Lieder, die mich meine Mutter lehrte‹ – auf besondere Weise zubereitetes Essen, vertraute Dinge des täglichen Gebrauches, Volksweisen und persönliche Gewohnheiten – kurz, ein besonderer aus kleinen, aber wichtigen Elementen bestehender Lebensstil« (S. 71f.).

Vielleicht ist der Versuch der Aufrechterhaltung dieses besonderen Lebensstils und damit auch der Wahrung der persönlichen Identität und Integrität bis zum Tod ein wesentliches Element des diffusen Wunsches, »zu Hause« zu sterben.

3. Nachdrücklicher vielleicht als jede sachlich-wissenschaftliche Aussage vermag das folgende Gedicht von Robert Paschke (zitiert nach: Hartmann 1979, S. 15) die nicht immer durch eine einfache Entscheidung zu lösenden menschlichen Konflikte und Tragik zum Ausdruck zu bringen:

»Als der Würgegriff
des Todes
Dich schon erfaßt hatte,
sagtest Du,
Ach, laß mich halt
daheim sterben.
Ich aber war zu feige dazu
und so starbst Du mir zuliebe
im Krankenhaus nach
wenigen Stunden
und Du hauchtest
Deine Seele aus still und wortlos
im Trubel der helfenwollenden Ärzte.
Und ich habe versäumt
die letzten Stunden
mit Dir
Gefährtin meines
Lebens allein zu sein,
ganz allein,
Geliebte.«

4. Nach Angaben des Statistischen Bundesamtes/Wiesbaden betrug 1986 die Anzahl der Gestorbenen insgesamt: 701 832, darunter in Krankenhäusern: 53,2 % (Quellen: Todesursachen- und Krankenhausstatistik).

5. Der Antwort auf meine schriftliche Anfrage beim Statistischen Bundesamt/Wiesbaden vom Januar 1989 war zu entnehmen, daß »Daten bez. Alten- und Pflegeheime statistisch nicht erfaßt werden« und »in

der Todesursachenstatistik eine Aufteilung nach dem Ort des Sterbens nicht möglich ist«. Zur mißlichen Datenlage vgl. auch Schied (1979).

6. Die »erweiterte Verwandtschafts-Familie« ist dadurch gekennzeichnet, daß »Kernfamilien oder unverheiratete Familienmitglieder in enger geographischer Nähe zusammenleben bzw. regional so verteilt sind, daß sie mit modernen Transportmitteln die räumliche Entfernung zeitlich relativ rasch überwinden können und damit die Möglichkeit der Interaktion innerhalb eines Systems des Austausches von Gütern, Dienstleistungen und emotionalen Beziehungen gegeben ist« (Friedrich 1981, S. 12).

7. Der hier lediglich zur Illustration herangezogene individuell-persönliche Erfahrungsbericht kann selbstverständlich nicht die wissenschaftlichen »Einzelfallanalysen betroffener Familien« ersetzen, die zur vollständigeren Erfassung der Veränderungen der »Familien-Wirklichkeit« (Gerhardt/Friedrich 1982, S. 4) bei einer tödlichen Erkrankung nötig wären.

8. In Übereinstimmung damit stellen Sperling et. al. (1982) fest, »daß es interessanterweise die Enkel sind, die am ehesten noch zur Betreuung, Pflege und Fürsorge chronisch kranker Großmütter oder -väter bereit sind, soweit diese nicht permanent ›meckern‹« (S. 186f.).

Literatur

Christian-Widmaier, P., Der institutionelle Rahmen thanato-therapeutischer Arbeit. In: Spiegel-Rösing, I., Petzold, H. (Hrsg.), Die Begleitung Sterbender. Theorie und Praxis der Thanatotherapie. Paderborn: Junfermann 1984, 183–296.

Christian-Widmaier, P., Krankenhausseelsorger und todkranker Patient. Im Spiegel ihrer wechselseitigen Wahrnehmung. Berlin, Heidelberg, New York, London, Paris, Tokyo: Springer 1988.

Cornelius, J., Statistische Aspekte der Sterblichkeitsverhältnisse in der Bundesrepublik Deutschland. In: Howe, J., Ochsmann, R. (Hrsg.), Tod – Sterben – Trauer. Bericht über die 1. Tagung zur Thanato-Psychologie vom 4.–6. November 1982 in Vechta. Frankfurt a. M.: Fachbuchhandlung für Psychologie 1984, 258–262.

Engelke, E., Schmoll, H.-J., Wolff, G. (Hrsg.), Sterbebeistand bei Kindern und Erwachsenen. Stuttgart: F. Enke 1979.

Friedrich, H., Familiensoziologische Aspekte von Copingstrategien bei chronischen Krankheiten. In: Angermeyer, M. C., Döhner, O. (Hrsg.), Chronisch kranke Kinder und Jugendliche in der Familie. Stuttgart: F. Enke 1981, 9–19.

Gerhardt, U., Friedrich, H., Familie und chronische Krankheit – Versuch einer soziologischen Standortbestimmung. In: Angermeyer, M. C., Freyberger, H. (Hrsg.), Chronisch kranke Erwachsene in der Familie. Stuttgart: F. Enke 1982, 1–25.

Hartmann, F., Umgang mit Sterbenden in der Geschichte. In: Engelke, E., Schmoll, H.-J., Wolff, G. (Hrsg.), Sterbebeistand bei Kindern und Erwachsenen. Stuttgart: F. Enke 1979, 5–16.

Jury, M., Jury, D., Gramp. A man ages and dies. The Viking Press 1978. Dt.: Gramp. Ein Mann altert und stirbt. Die Begegnung einer Familie mit der Wirklichkeit des Todes. Berlin/Bonn: J. H. W. Dietz 1982.

Koch, U., Schmeling, C., Betreuung von Schwer- und Todkranken. München-Wien-Baltimore: Urban & Schwarzenberg 1982.

Kübler-Ross, E. (Ed.), Death: The Final Stage of Growth. Prentice-Hall 1975. Dt.: Reif werden zum Tode. 8. Auflage Stuttgart/Berlin: Kreuz 1988 (GTB Siebenstern 1023).

Kübler-Ross, E., On Death and Dying. Macmillan 1969. Dt.: Interviews mit Sterbenden, 11. Auflage. Stuttgart/Berlin: Kreuz 1977 (GTB Siebenstern 71).

Lerner, G., Ein eigener Tod. Der Schlüssel zum Leben. Düsseldorf: Böhme und Erb 1979.

Lofland, L. H., The Craft of dying. The Modern face of death. Beverly Hills/London: Sage Publications 1978.

Noll, P., Diktate über Sterben und Tod. München: Piper 1987.

Rosenmayr, L., Chancen der Ehekultur heute. In: Krise der Ehe? München: Piper 1966, 51–63.

Schied, H.-W., Sterben in der Klinik oder zu Hause? Vorhandene und fehlende Daten zum Sterbeort in der Bundesrepublik Deutschland. In: Zeitschrift für Allgemeinmedizin, 55, 1979, 1270–1274.

Schmied, G., Sterben und Trauern in der modernen Gesellschaft. Opladen: Leske + Budrich 1985.

Schmoll, H.-J., Sterben als sozialer Prozeß. Über das soziale Umfeld des Sterbenden. In: Engelke, E., Schmoll, H.-J., Wolff, G. (Hrsg.), Sterbebeistand bei Kindern und Erwachsenen, Stuttgart: F. Enke 1979, 40–48.

Schütz, A., Der Heimkehrer. In: Gesammelte Aufsätze. II. Studien zur soziologischen Theorie. Den Haag: Martinus Nijhoff 1972, 70–84.

Sibley, B., Späte Liebe. C. S. Lewis und Joy Davidman. Basel und Gießen: Brunnen, 2. Aufl. 1988.

Sperling, E., Massing, A., Reich, G., Georgi, H., Wöbbe-Mönks, E., Die Mehrgenerationen-Familientherapie. Göttingen: Verlag für Medizinische Psychologie. Vandenhoeck & Ruprecht 1982.

Tausch, A.-M., Tausch, R., Sanftes Sterben. Was der Tod für das Leben bedeutet, Reinbek: Rowohlt 1985.

Wander, M., Leben wär' eine prima Alternative. Tagebuchaufzeichnungen und Briefe. Hrsg. v. F. Wander, Darmstadt und Neuwied: Sammlung Luchterhand 1980.

Joachim E. Meyer

Die Wahrheit am Sterbebett

Einsichten aus der Beziehung zwischen Arzt
und Patient

Der typische Verlauf unheilbarer Krankheiten, aber auch die mit
ihrer Erkennung und Behandlung verbundenen Aufklärungsgespräche haben in den letzten Jahrzehnten einen grundsätzlichen
Wandel durchgemacht.

Die Situation des unheilbar Kranken in der Gegenwart

Zum *Krankheitsverlauf.* Durch die Fortschritte der modernen Medizin ist es möglich geworden, das Leben eines unheilbar Kranken
über Jahre in einem durchaus erträglichen Zustand zu erhalten.
Ein Beispiel dafür ist die Dialysebehandlung chronischer Nieren-
leiden, wobei der Kranke in günstigen Fällen noch seinem Beruf
nachgehen kann, während er gleichzeitig 2–3 Nächte in der Woche
zur Dialyse im Krankenhaus verbringt. Zu den eigentlichen Heil-
methoden kommen heute aber auch moderne Medikamente, die
Schmerzen, Angst und Verzweiflung vorübergehend beseitigen
oder lindern können, wenn sie regelmäßig verabreicht werden.
Diese Mittel gehen dabei nicht, wie es früher der Fall war, mit
Schläfrigkeit, Benommenheit oder gar Bewußtlosigkeit einher.
Die moderne Medizin hat zugleich zu einer beträchtlichen Erhö-
hung der durchschnittlichen Lebenserwartung geführt. Der Arzt
hat es daher heute oft mit Patienten zu tun, die ein hohes Alter
erreicht haben und dementsprechend durch viele Behinderungen
beim Gehen, Hören und Sehen, durch ein schlechtes Gedächtnis

so eingeschränkt sind, daß sie *eigentlich* nicht mehr leben wollen, aber doch noch am Leben hängen, weil sie sich vor den großen Unbekannten, Sterben und Tod, fürchten.

Die *»Verrechtlichung«* der Medizin. Es hat sich mehr und mehr die Auffassung durchgesetzt und ist als solche auch in die Rechtsprechung eingegangen, wonach der Patient, gerade auch der unheilbar Kranke, als mündiger Bürger ein Anrecht darauf hat, über die Natur seines Leidens und über die Wirkungen bzw. Nebenwirkungen aller Untersuchungs- und Behandlungsmethoden voll informiert zu werden. Wie drastisch sich die Situation verändert hat, zeigt eine amerikanische Studie, bei der 1961 und 1979 jeweils mehreren hundert Ärzten der gleiche Fragebogen zu »what to tell cancer patients« vorgelegt wurde (Oken). 1961 haben 88 % der Ärzte ihre Patienten grundsätzlich nicht informiert, und 1979 bejahten 98 % der befragten Ärzte die Aufklärung ihrer Patienten.

Aus diesem Wandel ergeben sich die folgenden Konsequenzen für die »Wahrheit am Krankenbett«: In der Vergangenheit hatte der Arzt dem Kranken seine Diagnose, soweit sie eine lebensbedrohliche und unheilbare Krankheit betraf, grundsätzlich vorenthalten und statt dessen die Angehörigen über die Natur des Leidens, die Behandlungsmöglichkeiten und die dem Patienten voraussichtlich verbleibende Lebensfrist in Kenntnis gesetzt. Das hatte zur Folge, daß die emotionale Beziehung, die Kommunikation zwischen der Familie und ihrem Kranken, erheblich gestört war. Hinzu kam, daß auch das Vertrauen des Patienten in seinen Arzt dann verloren ging, wenn es über die Natur seines Leidens nichts mehr zu verheimlichen gab (Meyer).

Heute wird der Patient, etwa für seine Einwilligung zu einem diagnostischen Eingriff, sehr frühzeitig auf die Gefahr einer tödlichen Erkrankung (Beispiel: Krebsverdacht) hingewiesen. Bestätigt der Eingriff den Verdacht, so erfolgt schon jetzt das erste Aufklärungsgespräch. Der Arzt muß den Kranken davon in Kenntnis setzen, daß es sich – von Ausnahmen abgesehen – um eine tödliche oder doch unheilbare Erkrankung handelt. Im Falle einer Krebserkrankung ist der Zustand des Kranken zu dieser Zeit noch relativ unbeeinträchtigt, und der Arzt vermag den Zeitpunkt des Todes seines Patienten noch keineswegs vorauszusagen. Dieses erste

Gespräch erfolgt auch meist mit dem Patienten allein, so daß dieser sich heute oft fragen muß: Was kann ich davon meinen Angehörigen mitteilen? Inwieweit er sie informiert und wie sie darauf reagieren oder ob er etwa den Arzt bittet, auch mit den Angehörigen über sein Leiden zu sprechen, das kann schon von großer Bedeutung sein für seine Einstellung, ob er letztlich im Krankenhaus oder zu Hause sterben will; auch ob die Angehörigen wirklich bereit sind und sich dazu auch fähig fühlen, ihn in seiner letzten Lebensphase zu sich zu nehmen und zu pflegen, wird nicht unbeeinflußt sein von ihrer Erstinformation, deren Zeitpunkt und Inhalt.

Dem ersten Gespräch werden im Verlauf des Leidens, z. B. aus Anlaß einer erneuten Operation, weitere Aufklärungsgespräche folgen. In ihnen hat der Arzt es zunehmend mit einem leidenden Schwerkranken zu tun, und die Frage nach der verbleibenden Lebensfrist wird zwar nicht unmittelbar angesprochen, zeichnet sich aber bereits mehr oder weniger deutlich ab. Zu dieser Zeit, vor Beginn der Sterbephase, ist ein *Wechsel* in der Einstellung des Kranken zwischen dem *Akzeptieren* der Wahrheit und dem *Verleugnen* besonders häufig anzutreffen. Nicht selten wird ein Patient den Arzt mit Fragen geradezu bedrängen, obwohl er letztlich nichts wissen will, was seine bisherige Verleugnung (»mein Fall gehört zu denen, die schließlich günstig ausgehen«; »ich bin noch nicht dran«) bedroht. Für die Verleugnung sei an das von Glaser und Strauss mitgeteilte Beispiel eines Krebskranken erinnert. Es stammt noch aus der Zeit, in der man dem Kranken in aller Regel die Wahrheit über seine Situation verschwieg. So war der Kranke mißtrauisch geworden, und bei einer morgendlichen Visite überraschte er den Arzt mit der Frage: »Doktor, habe ich Krebs?« Der Arzt bejahte das und führte gleich danach ein langes ernstes Gespräch, in dem der Patient sehr besonnen mit seiner neuen Lage umzugehen schien. Auch in den folgenden Tagen verhielt sich der Patient auf der Station still, ernst und zurückgezogen. Am Ende der ersten Woche nach dem Gespräch mit dem Arzt änderte sich, wie das Personal berichtete, ziemlich rasch sein Verhalten: Er machte wieder Stadtausgänge, kaufte sich einen neuen Mantel, brachte Prospekte für Ferienreisen mit. Man erkennt, daß das erste Gespräch, so ernsthaft und besonnen sich der Kranke dabei auch verhielt, von ihm nicht wirklich angenommen, wahrgenommen worden war, sondern daß es nach kurzer Zeit wieder der totalen Verleugnung verfiel, als habe es gar nicht stattgefunden.

In der Gegenwart, mit der für die meisten medizinischen Disziplinen gültigen vollen Aufklärung über die Krankheit, muß man also unterscheiden zwischen den wiederholten Aufklärungsgesprächen zum jeweiligen medizinischen Befund einschließlich der Behandlungspläne und jenem Gespräch, das der verbleibenden Lebenszeit gilt. Es läßt sich gegenwärtig noch kaum genauer sagen, wann und durch wen und ob überhaupt am Beginn der Sterbensphase ein solches Gespräch geführt werden sollte. Durch eine Aufklärung über die wahrscheinlich noch verbleibende Lebensfrist zur falschen Zeit, wo das Fragen des Kranken nicht wirklich ein Wissenwollen ist, wird die Beziehung zwischen ihm und seinem Arzt dadurch gestört – gestört zu einer Zeit, in der der Patient besonders auf ein vertrauensvolles Verhältnis zum Arzt angewiesen ist.

Das Sterben zu Hause und der Hausarzt

Die Entscheidung, einen Todkranken nach Hause zu entlassen, wird nicht immer vom Kranken selbst gefällt. Es kann zu diesem Entschluß kommen, wenn ihm mitgeteilt wird, daß wegen bestimmter Komplikationen, bei Krebskranken etwa in Zusammenhang mit Zytostatica-Therapie, eine Heilbehandlung z. Zt. nicht möglich ist. Unter solchen Umständen erfolgt die Entlassung durch das Krankenhaus und weniger auf persönlichen Wunsch des Patienten. Die Tendenz der im Krankenhaus tätigen Ärzte, nicht mehr kurativ behandelbare Patienten nach Hause zu entlassen, ist heute sehr deutlich. Häufiger noch kommt es zu einem mehrfachen Wechsel zwischen Aufenthalten zu Hause und Hospitalisierung.

Die Entlassung kann aber auch ausdrücklich auf Wunsch des Kranken erfolgen, wenn er wahrnimmt, daß die Therapie abgebrochen wurde, weil aus ärztlicher Sicht keine Aussicht auf Heilung mehr besteht. Man erfährt dann etwa, daß sich der Patient mit der Nachtschwester beraten hat, ob er gehen soll. Die Entscheidung des Patienten ist nicht leicht; denn sie setzt voraus, daß immer einer der Angehörigen zu Hause ist, um ihn zu pflegen, daß Hilfe durch eine Gemeindeschwester erreichbar ist und daß der Hausarzt zugestimmt hat, die zeitaufwendige – das Leiden lindernde – Behandlung durchzuführen. Unter den Bedingungen der Pflege in der Familie ist auch der Status des Hausarztes ein anderer als der des Arztes im Hospital. Der Hausarzt kann hier eher auf seine professionelle Distanz verzichten und statt dessen in seiner emotionalen Beziehung zum Patienten sich mit ihm solidarisch wissen, weil er selbst ein Sterblicher ist (Rest).

Wenn der Patient auf eigenen Wunsch nach Hause gegangen ist, wird er bereit sein, ja darum bitten, mit dem Arzt über das Sterben zu sprechen, wobei der vermutliche Zeitpunkt seines Endes bald mehr, bald weniger direkt angesprochen wird. Entscheidendes Thema ist der Vorgang des Sterbens »*zwischen Angst und Hoffnung*«. Angst vor dem Unbekannten des Lebensendes, Angst vor Schmerzen, Entstellung und auch vor einer seelisch-körperlichen Schwächung, durch die schon mit Beginn der Sterbephase das Unverwechselbare der Person mehr und mehr verlorengeht. Und Hoffnung? Damit ist nicht ein – letztlich unredlicher – Trost gemeint, sondern Hoffnung auf inneren Frieden, auf ein klares Bewußtsein, bewahrt vor schlimmen Schmerzen bis zum Ende. Aus Todesangst erwächst die Hoffnung, von den Qualen des Sterbens erlöst zu werden.

Wenn das Gespräch mit dem Hausarzt für den Sterbenden hilfreich ist, wird es bei einem nächsten Besuch vielleicht wieder aufgenommen werden. Dem Arzt muß dabei deutlich sein, daß der Umgang mit Sterbenden *eigene* Ängste mobilisiert. Das sollte nicht dazu führen, daß er im Verhalten zum Patienten sich davon leiten läßt, wie er selbst einmal sterben möchte, daß er etwa nicht in erster Linie anstrebt, die verleugnende Haltung des Patienten zu beseitigen. Zeitweise bedarf wohl jeder unheilbar Kranke der Verleugnung. Bei Kübler-Ross findet sich der Hinweis, dem Todkranken bei Beginn des Gespräches zu sagen: Sagen Sie mir, wenn Sie müde sind, dann sprechen wir ein anderes Mal weiter. So ist für den Patienten immer der Weg offen, Gespräche über die »letzten Dinge« abzubrechen, wenn ihre Erörterung zuviel Angst weckt. Besonderes Gewicht hat die Verläßlichkeit des Arztes, wenn er etwa verspricht, stets zu kommen, wenn der Patient darum bittet. Schließlich sollte der Hausarzt strikt darauf achten, mit seinen Behandlungsmaßnahmen nicht falsche Heilungserwartungen zu wekken, sondern sie als das zu bezeichnen, was sie sind: Mittel zur (vorübergehenden) Linderung der Schmerzen und der Ängste des Patienten.

Hier ist noch darauf hinzuweisen, daß sich das Sterben *alter* Menschen mit vielfachen Behinderungen, wie sie anfangs kurz geschildert wurden, ganz anders vollzieht, indem es nicht oder nicht in der Regel um eine tödliche Erkrankung geht, sondern um eine stetige Verschlechterung, bei der bald die eine, bald die andere Behinderung zu einem akuten Krankheitszustand und entsprechender befristeter klinischer Behandlung führen kann. Ein etwa der Krebserkrankung vergleichbares Aufklärungsgespräch über die Art der Erkrankung gibt es deshalb nicht. Auch die Entlassung nach Hause oder in ein Altenheim hat nicht eine vergleichbare Bedeutung. Dabei ist es aber wichtig, sich darüber im klaren zu sein, daß gerade im Alter die Auseinandersetzung mit der Endlichkeit des Menschen an Bedeutung gewinnt; der Tod, so hat man es auch ausgedrückt, wird zu einer persönlichen Angelegenheit, bei deren Bewältigung sich der alte Mensch oft allein gelassen fühlt – durch den Tod Gleichaltriger, aber auch durch das mangelnde Verständnis von seiten der jüngeren Generation (Lauter). Vielleicht sollte beim Besuch des Hausarztes die Thematik der noch verbleibenden Lebenszeit häufiger angesprochen werden, als dies heute noch offensichtlich der Fall ist.

Das Sterben in der Familie

Man muß gegenwärtig davon ausgehen, daß die Angehörigen bisher kaum oder niemals Gelegenheit hatten, das Sterben eines Menschen mitzuerleben, weil es sich meist im Krankenhaus vollzieht. Oft leidet die Familie unter Schuldgefühlen, nicht genug oder nicht richtig ihrem kranken Angehörigen zu helfen oder auch von Gedanken bedrängt zu werden, der Kranke möge bald erlöst werden. Ob zwischen dem Kranken und seiner Familie über die Situation des Sterbenden oft gesprochen wird, hängt von vielen Faktoren ab: wie die Entlassung ihres Angehörigen nach Hause zustande kam, wie man in gesunden Zeiten zueinander stand, ob man von den eigenen Ängsten her es zu akzeptieren vermag, daß es mit ihm zu Ende geht (Christian-Widmaier). Vielleicht – das sei hier hinzugefügt – ist es schwer, jemandem liebend nahe zu sein, von dem man weiß, daß er einen bald verlassen wird.

In der verbalen Kommunikation zwischen dem Todkranken und seinen Angehörigen lassen sich drei Formen der Beziehung unterscheiden: das offene, verleugnungsfreie Gespräch mit der Freude über jede Stunde, die man gemeinsam und ohne Qualen erlebt; das schweigende Einverständnis, in dem beide Seiten wissen, daß der Kranke ein Sterbender ist, und auch wissen, daß der andere davon weiß, aber man spricht nicht davon. Auch das kann eine nahe emotionale Beziehung erlauben. Die dritte Form der Beziehung zum Sterbenden entsteht aus der Unfähigkeit der Angehörigen, die Wirklichkeit des bevorstehenden Todes zu akzeptieren. Schon die Aufforderung: »Iß doch noch etwas, damit du wieder zu Kräften kommst«, läßt den Sterbenden erkennen, daß er alleingelassen ist. Sie zwingt ihn, über sein bevorstehendes Ende nicht mehr zu sprechen. Was Ariès über die Situation des Sterbenden im Krankenhaus formuliert hat, gilt z. T. noch heute für den Sterbenden, der sich in der Familie alleingelassen fühlt: »Es ist Sache der Kranken ..., nie die unerträgliche Gefühlsbelastung durch ihren nahen Tod aufkommen zu lassen. Sie werden nach Maßgabe der Bereitschaft eingeschätzt, mit der sie der ärztlichen Umgebung (und der Familie) die Erinnerung daran ersparen, daß sie sterben werden. So kann die Rolle des Kranken nur negativ sein, die des Sterbenden, der den Anschein erweckt, als stürbe er nicht.«

Es stellt sich noch die Frage, was man über das Sterben, über den seelischen Zustand *in den letzten Lebenstagen* weiß, wobei sich die Untersuchungen (Kastenbaum, Witzel) überwiegend auf alte Menschen beziehen, auch auf solche, die schon vorher eine deutliche intellektuelle Behinderung erkennen ließen. Die Annahme, daß solche Patienten ihre Situation kaum mehr registrieren und erleben, hat sich nicht bestätigt. Es schien eher so zu sein, daß es noch zu einem »Aufflackern der Lebensimpulse« kam. Gleichzeitig ging die Angst zurück, und auch der Schmerzmittelbedarf nahm ab. Über die Hälfte aller Patienten äußerten sich in ihren letzten Tagen zum Sterben, wobei diese Äußerungen vom behandelnden Team zu $\frac{2}{3}$ als positiv, $\frac{1}{10}$ als negativ und die übrigen als neutral bewertet wurden. Auch wenn gegenüber beiden Untersuchungen methodische Einwände vorgebracht werden können, bleibt der Einblick in das seelische Befinden unmittelbar vor dem Erlöschen des Lebens bedeutsam und sollte gerade auch für die Helfer und die zu Hause Pflegenden hilfreich sein, die sich – etwa unter dem Bilde eines Todeskampfes – vor dem Sterben fürchten.

Schlußbemerkung

Es ging in diesen Ausführungen darum, deutlichzumachen, wieweit die heute geübte Aufklärung eines Patienten mit einem tödlichen Leiden – von der Mitteilung der Diagnose bis zur Frage nach der verbleibenden Lebenszeit – im Krankenhaus wie vor allem in der Familie von unmittelbarer Bedeutung für die Auseinandersetzung des Kranken mit seiner Endlichkeit sein kann. Notwendigerweise beschränkte sich unsere Darstellung dabei auf einige typische Krankheitsverläufe. Gelingt es in den Aufklärungsgesprächen, den schwierigen Weg des Akzeptierens der Wahrheit für den Kranken gangbar zu machen, so bedeutet das für die letzte Lebensphase weniger Angst und Abwehr. Ähnlich kann die Beziehung zum Hausarzt, zur Gemeindeschwester und zu den Familienangehörigen, wenn sie von Vertrauen und Wahrhaftigkeit geprägt ist, zu einer Hilfe im Sterben werden. Noch vor wenigen Jahrzehnten geriet der unwissende (ahnungslose oder mißtrauische) Kranke durch die uneingeschränkte Information der Angehörigen in Isolierung und Sprachlosigkeit; er fühlte sich schon vor dem Sterben (das immer zuletzt ein *allein* Sterben ist) allein gelassen. Die heutige Form der Aufklärung, vor allem auch über die verbleibende Lebensfrist, bietet die Chance der Gemeinsamkeit bis zum letzten Lebenstag.

Die Aufgabe, die der Arzt zu leisten hat, ist zwar ehrlicher geworden, aber nicht einfacher, gelten doch die Aussagen der Medizin über den Krankheitsverlauf und den voraussichtlichen Todeszeitpunkt niemals ohne Ausnahme. Versucht der Arzt, dem Patienten gegenüber auch alle denkbaren Irrtümer in Diagnose und Verlauf anzusprechen, so ruft er dadurch im Kranken Ratlosigkeit hervor. Der Kranke weiß nicht genau, wie es wirklich um ihn steht, und das hat zur Folge, daß er sich in die Verleugnung geradezu flüchtet und an der Verläßlichkeit des Arztes mehr und mehr zweifelt. Angesichts dieser Situation hat man davon gesprochen, es gehe bei der Aufklärung nicht um die Wahrheit, sondern um Wahrhaftigkeit, d. h. um das Bemühen, Diagnose und Krankheitsverlauf so zu beschreiben, wie es den Arzt auch in seinem praktischen Handeln bei diesem Kranken bestimmt. So kann die quälende Ungewißheit des Kranken am ehesten vermieden und eine positive mitmenschliche Beziehung zum Arzt erhalten bleiben.

Literatur

Ariès, P. H. (1975), Studien zur Geschichte des Todes im Abendland. Hanser, München.

Christian-Widmaier, P., Der institutionelle Rahmen thanato-therapeutischer Arbeit. In: Spiegel-Rösing, I. / Petzold, H. (eds.) (1984) Die Begleitung Sterbender. Junfermann, Paderborn.

Glaser, B. G./Strauss, A. (1974), Interaktion mit Sterbenden, Vandenhoeck u. Ruprecht, Göttingen.

Kastenbaum, R. (1967), The mental life of dying geriatric patients. Gerontologist 7: 97–100.

Kübler-Ross, E. (1974), Interviews mit Sterbenden. Kreuz, Stuttgart/Berlin (GTB Siebenstern 71).

Lauter, H., Psychologische Probleme im Alter. In: Bönisch, E./Meyer J. E. (1982), Psychosomatik in der Klinischen Medizin. Springer, Berlin/Heidelberg/New York.

Meyer, J. E. (1982), Todesangst und das Todesbewußtsein der Gegenwart. 2. Aufl. Springer, Berlin/Heidelberg/New York.

Oken, D. (1961), What to tell cancer patients? JAMA 175: 1120–1128.

Rest, F. (1981), Die Wahrheit am Krankenbett. In: D. Akad. f. med. Fortbildung, Sterben zwischen Angst und Hoffnung. Bad Nauheim.

Witzel, L. (1973), Der Sterbende als Patient. Med. Klin. 68: 1373–1378.

Jan Christian Bauer / Jens Bruder

Die Länge macht die Last

Von den psychischen Belastungen der Pflegenden und
ihrer Familien

Ein Fall von Familienpflege

Es fing alles ganz einfach an. Ich freute mich richtig, meine alte
Mutter sollte zu uns ins Haus kommen. Natürlich hatte ich es meinem Mann gegenüber schon mal erwähnt. Er hatte seine eigene
Erfahrung mit vier Großeltern im Elternhaus und mochte wohl
auch nicht nein sagen; wie würde er dann dastehen. Vielleicht
würde ich ärgerlich oder verletzt sein, wenn er meine Mutter nicht
im Hause haben wollte. Ein Zimmer und Dusche waren vorhan-
den. Ich hatte eigentlich gar nicht überlegt, wie es so laufen sollte,
und freute mich auf die Aussicht, etwas mehr Freiheit zu haben
und ohne schlechtes Gewissen mal weg zu können, denn jemand
wäre bei den Kindern. Es gibt so viel zu tun: nähen, die Gartenarbeit, kochen. Mutti könnte wohl einen großen Teil noch schaffen.
Der Abbau ging schneller, als ich dachte. Meine Mutter entlastete
mich nicht im Haushalt und Garten, im Gegenteil. Schleichend,
aber ständig mußte ich mehr Zeit aufwenden, um meine Mutter zu
pflegen. Sie wusch sich nicht mehr gründlich, hielt ihr Zimmer
nicht mehr in Ordnung, ihre Wäsche auch nicht. Sie saß häufig nur
da, und ich meinte, ich müßte etwas für sie tun. Die Kinder und
mein Mann waren den größten Teil des Tages unterwegs. Wir waren alleine miteinander, uns gegenseitig ausgeliefert, wie früher.
Jetzt aber waren die Rollen vertauscht, und ich hatte die Verantwortung.
Mir stand es bevor, mich meiner Mutter demnächst auch körperlich zuwenden zu müssen. Ich kannte doch ihren alten Körper gar

63

nicht. Als Kind habe ich sie auch nie nackt gesehen. Würde ich sie anfassen mögen? Würde ich es kräftemäßig schaffen? Meinem Mann mochte ich mit diesen Überlegungen nicht kommen. Ich wollte nicht hören, daß ich sie ja ins Haus geholt hatte. Mit Kämmen und Haarewaschen fing es an, und so habe ich schrittweise ihren alten Körper kennengelernt. Wie sie sich dabei gefühlt hat, darüber haben wir, wie früher, nie gesprochen.

Manche Tage wurden mir furchtbar lang. Da hätte ich am liebsten aufgegeben. Ich komme jetzt so wenig aus dem Haus, so daß ich mich auch nicht zurechtmache. Wenn mein Mann abends nach Hause kommt, gibt es nicht viel zu erzählen. Die 1000 Kleinigkeiten vom Tage scheinen zum Abend hin zusammenzuschmelzen und unbedeutend zu werden. Wenn die Geschwister zu Besuch kommen und fragen, sage ich nie, daß mir eigentlich oft alles zuviel ist, die Last drückt. Ich will auch von ihnen nicht hören, daß ich es ja so wollte.

Dann sind wieder manche Tage ganz anders. Da füllt mich die Pflege meiner alten Mutter aus: Gefühle von Dankbarkeit tauchen auf, schöne Erinnerungen von früher. Wenn wir miteinander reden, merke ich, wie ich mich ihr gegenüber als kleines Kind verhalte. Ich bin kaum erwachsen geworden. Aber was soll ich mich jetzt noch auflehnen. Ich merke auch, wie Mutter schnell an Grenzen kommt. Manche Gespräche blockt sie einfach ab oder wechselt das Thema. Das kenne ich auch aus meiner Kindheit, da lief es genauso.

Auf den Gedanken, fremde Hilfe ins Haus zu holen, bin ich auch schon gekommen. Aber dann müßte ich in der Wohnung alles tiptop haben, und das schaffe ich nicht. Kann ich ihr einen wildfremden Menschen zumuten? Manchmal hetze ich in die Stadt, denn ich muß einfach mal raus. Ich stelle mir die Zeit vor, wenn sie einmal nicht mehr dasein wird. Nicht, daß ich ihren Tod herbeiwünschte, aber die stete Sorge, etwas falsch zu machen, quält mich sehr.

Ich mache mir Gedanken, wie ich den Tag gestalte. Da fallen mir Dinge ein, die ich auch mit den Kindern, als sie klein waren, gerne getan hatte. Mutter sitzt im Sessel, und ich lese ihr vor. Zusammen hören wir Musik und jeder kann vor sich hin träumen. Wir sehen alte Fotos an, und dabei lasse ich sie erzählen. Das sind glückliche

Momente zwischen uns, und ich bin ruhig und fühle mich geborgen. Aber wenn ich mich an dem orientiere, was andere in meinem Alter unternehmen, womit viele ihren Tag füllen, dann werde ich unzufrieden. Dann frage ich mich, warum eigentlich ich, warum nicht die anderen? Ich wünsche mir, im Alter auch von den Kindern gepflegt zu werden. Ob die Kinder verstehen, daß ich ihnen in der Pflege meiner Mutter vorleben möchte, was ich mir wünsche? Aber kann ich das meinen Kindern wirklich zumuten?

Die Kinder haben oft nicht die Geduld, der Oma zuzuhören, und ich werde ärgerlich, wenn ich das merke. Etwas Zeit werden sie doch wohl übrighaben, was soll ich denn sagen? Mein Mann läßt sich auch nicht viel einfallen. Vielleicht spürt er, daß sich trotz aller Belastung durch die Pflege doch eine Vertrautheit zwischen meiner Mutter und mir ergeben hat, von der er ausgeschlossen ist. Das trennt meinen Mann und mich. Manchmal will er mit mir etwas unternehmen. Dann habe ich Bedenken, meine Mutter alleine zu lassen. Bei der Pflegesituation kann ich mir nicht vorstellen, in den Urlaub zu fahren. Das ist oft der Anlaß für Ärger zwischen uns, denn ich lasse mich ganz von der Pflege meiner Mutter einnehmen. Ich beobachte jede Veränderung. Sie leugnet, daß sie immer mehr Sachen verlegt und vergißt, versucht zu verheimlichen, daß sie es ab und zu nicht mehr schafft, rechtzeitig zur Toilette zu gehen. Dann finde ich die schmutzige Wäsche und bin wütend, daß sie die Sachen irgendwo versteckt hat. Dann hat sie kein Vertrauten zu mir, ihre Scham ist größer. Das kränkt mich, aber ich fresse es in mich hinein und nehme die Wäsche stillschweigend weg. Zwischen diesen Gefühlen von Wut, Hilflosigkeit, Ausgeliefertsein, Trauer, Mitleid habe ich nach einem Ausweg gesucht. Ich wollte mich von meiner Mutter und dieser Umklammerung, die mir oft die Luft nimmt, gefühlsmäßig lösen. Ich wollte lebendig sein, trotz der Last der Pflege, deren Ende nicht abzusehen ist.

Ich habe meinem Mann gegenüber zugegeben, daß ich mich mit der Pflege so, wie ich sie praktiziert habe, übernommen habe. Ich fing an, meinen Geschwistern zu bekennen, daß ich mir alles viel leichter vorgestellt hatte. Das Sprechen darüber tat mir gut, und es kamen Angebote, ab und zu mal einen Tag die Pflege zu übernehmen. Aus meiner Erfahrung im Umgang mit der Mutter konnte ich Hilfen an die Geschwister weitergeben: Wie ich versucht hatte, ihre Vergeßlichkeit humorvoll zu überspielen. Ich konnte ihnen von meiner Trauer über ihren Verfall erzählen. Wie ich aber auch gelernt hatte zu beobachten, was meine Mutter noch selbst tun konnte, welche Fähigkeiten sie noch hat. Ich habe mich von dem Bild gelöst, was sie früher war und konnte. Sie war im Alter irgendwie ein anderer Mensch geworden, und ich mußte lernen, diesen Menschen kennenzulernen. Dabei entdeckte ich, was sie noch ausfüllen konnte, und versuchte so, meiner Mutter ihre Würde zu lassen. Ich lernte, meine eingefahrenen Gewohnheiten zu verlassen, offener und flexibler zu sein und mich selbst weiterzuentwickeln.

Übernahme der Pflege durch Angehörige

Daß ältere Menschen mit Kindern oder Kindeskindern oder Ehepartnern zusammenleben und auch von ihnen gepflegt werden, entspricht nicht der weitverbreiteten *Annahme*, ältere Menschen würden in Heime abgeschoben werden. Lediglich wenn Komplikationen gegen Ende der Pflege auftreten oder die Pflege für die Pflegenden eine zu große Belastung darstellt (Erschöpfung, eigene Erkrankung usw.), kommt es häufiger zur Unterbringung in Institutionen wie Krankenhaus oder Heim. Grundsätzlich ziehen alte Menschen, die in ihrer Selbständigkeit nicht eingeschränkt sind, ein Leben in der Nähe ihrer Kinder dem unmittelbaren Zusammenleben mit ihnen vor. Mit zunehmender Hilfsbedürftigkeit, aber auch mit Verschlechterung der materiellen Situation, nimmt jedoch das Bedürfnis nach Zusammenleben mit den Kindern zu. Stärkere Bezogenheit auf die Familie verbindet sich hier mit dem Erlebnis nachlassender Leistungsfähigkeit. Pflegebedürftige alte Menschen erwarten am ehesten Hilfe von ihren nächsten Bezugspersonen (Bruder, 1987).
In den meisten Fällen kommt es zur *Pflegeübernahme* durch Angehörige aus einem Pflichtgefühl heraus. Treten Schwierigkeiten auf, wollen die Angehörigen oft lange nicht wahrhaben, daß Pflegen nicht als Selbstverständlichkeit oder individueller Schicksalsschlag

betrachtet werden kann, sondern sorgfältiger Planung bedarf. Die Erfahrung zeigt dagegen, daß die meisten der später Pflegenden glauben, sich keine Zeit zum Abschätzen der Konsequenzen der Pflegeübernahme nehmen zu können. Ein Grund dafür ist sicherlich die Hoffnung, die Altersschwäche, Krankheit oder Demenz des Partners oder Elternteils sei doch noch »nicht ganz so schlimm, wie es aussieht« und daß letztlich Heilung oder Besserung eintreten werde (Schultze-Jena, 1986).

Die im *Verleugnen bzw. Verdrängen* gesuchte Möglichkeit, die Pflegeübernahme abzuwenden, trägt statt zur Entlastung eher zur Belastung durch auftretende Schuldgefühle bei. Die Pflegeübernahme unterliegt einer *Kompromiß- bzw. Ambivalenz-Arbeit*. Um sich die Bewältigung der Schwierigkeiten in der Pflege vergegenwärtigen zu können, gilt es, sich an frühere bereits mehr oder weniger gut gelöste ähnliche Situationen zu erinnern und an die Reaktionen der daran beteiligten Personen. Dieser Prozeß ist ein Suchen nach und Abwägen von gelebter Nähe und zugewandten Gefühlen und geeigneten Erinnerungen und Hinweisen, um mit einer gelassenen Einstellung auch gegenüber den weniger willkommenen Eigenschaften des künftig zu Versorgenden die Pflege antreten zu können.

Altersveränderungen am Beispiel der Demenz

Immer mehr Menschen werden immer älter. Damit ist die Wahrscheinlichkeit größer, daß sie mehrfach erkranken (Multimorbidität) und dement werden. Bei der senilen Demenz vom Alzheimer Typ handelt es sich um die Degeneration von Nervenzellen im Gehirn mit pathologischen Einlagerungen. Von einer Multi-Infarktdemenz spricht man bei punktuellem Untergang (Infarkt) von Hirngewebe durch Verschluß oder Zerreißen von kleinen Blutgefäßen. Ursächlich sind die beiden großen Hauptformen der Demenz gegenwärtig noch nicht behandelbar (Bruder 1988).

Im Zentrum der senilen Demenz steht das *Vergessen*. Menschen erleben dabei die unterschiedlichsten Gefühle: Scham, Ärger oder Wut über Versäumnisse und Versagen, kokettierende Heiterkeit, wenn Namen entfallen, Verunsicherung und Ratlosigkeit, wenn Informationsgrundlagen für wichtige Entscheidungen nicht mehr zur Verfügung stehen, Entspannung und Erleichterung, wenn schmerzhafte Erlebnisse allmählich an Gegenwärtigkeit verlieren. – Die Beziehung zwischen Vergessen und Emotion ist stets zu beachten, und zwar in beiden kausalen Richtungen.

Vergessen zu haben, bedeutet nicht notwendigerweise den Verlust des Gedächtnisinhalts, sondern zunächst nur, daß der Zugang zu einer gespeicherten Information nicht gelingt. Die Inhalte des Gedächtnisses, der Zugriff darauf und die Merkfähigkeit tragen zur *Identität* bei. Sich zu *erinnern* bedeutet, neben den sachlichen Merkmalen einer Erfahrung ihre emotionalen Tönungen, sinnlich-lustvolle, schmerzhafte oder aggressive Empfindungen partiell wiederbeleben zu können. *Hoffen* zu können heißt z. B., sich auf gute Erfahrungen zu besinnen, sich positive Elemente komplexer Ereignisse bewußtzumachen und vom damit verbundenen Erleben etwas in die Zukunft ausstrahlen zu lassen, um so leichter die unberechenbaren, belastenden Aspekte der gegenwärtigen Entwicklung in den Hintergrund treten zu lassen. Demente können dies nicht. Sie können auch nicht *trösten*, denn dazu benötigt man ebenfalls geeignete Erfahrungen und Wissen, muß es mit den zugehörigen emotionalen Besetzungen ins Bewußtsein holen und in die Begegnung mit dem Leidenden einfließen lassen. Auch die Entwicklung von *Zuneigung und Liebe* sind Fähigkeiten des Menschen, die Gedächtnis und Wissen voraussetzen. Sich Eigenschaften und Bilder zu vergegenwärtigen und an Reaktionen des anderen zu erinnern, sich in ihn hineinzuversetzen und dabei Nähe und zugewandte Gefühle zu empfinden, aber auch nach geeigneten Erinnerungen und Hinweisen zu suchen, die eine gelassene Einstellung gegenüber den weniger willkommenen Eigenschaften des Partners ermöglichen, also *Kompromiß- bzw. Ambivalenz-Arbeit* zu leisten, all dies sind seelisch-geistige Akte, die auf Erinnerungsvermögen aufbauen.

Auch bei Dementen sind grundsätzlich noch *Lerneffekte* zu erzielen; jedoch gelten dabei besondere Bedingungen: Die Lernsituation muß angenehm gestaltet, die Lernschritte müßen einfach und klar gegliedert und das Lernziel muß – wenn es der Zustand des Kranken noch erlaubt – für ihn erkennbar und sinnvoll sein. Da sämtliche Lerneffekte schnell wieder verlorengehen, muß regelmäßig weiter geübt oder immer wieder neu gelernt werden.

Je komplexer eine Situation ist, desto bedeutsamer wird die *Geschwindigkeit der Informationsverarbeitung*. Bei nachlassender geistiger Kompetenz werden wichtige Aspekte leicht übersehen: Der Betreffende versagt partiell. Ist ein schnelles Urteil gefordert, wird es verkürzt und unzureichend. Hat ein Mensch in einer sozialen Situation bereits versagt, dann geht es darum, die eigenen Folgereaktionen, also z. B. Erschrecken und Scham, zu überwinden, indem er der plötzlichen Beschämung durch eine Reihe kleiner *Denk- und Vorstellungsakte* Herr zu werden sucht: Er besinnt sich der Einzigartigkeit der Situation, erinnert sich an erfolgreich Bewältigtes und erzeugt in sich Hoffnung auf neue Erfolge statt Furcht vor Mißerfolg. Das reduziert seine Scham und läßt ihn die Situation mit einem leidlich stabilen Selbstgefühl überstehen. Die senile Demenz schwächt und zerstört gerade die Potentiale des Menschen, die zur Auseinandersetzung und zur Verarbeitung eigener Defizite erforderlich sind (*Demenz-Paradoxon*; Bruder 1988).

Neben den bereits erwähnten kognitiven Störungen treten *Persönlichkeitsveränderungen* auf: Einfallsreichtum und Phantasie werden geringer, und im sozialen Bereich gibt es Defizite (Verlust des Gleichgewichts und Austauschcharakters von Beziehungen, Einschränkungen der sozialen Sensibilität und der Zuwendungsfähigkeit). Das *Steuerungsvermögen* für Affekte und Emotionen läßt nach. Hinzu können praktisch-instrumentelle Ausfälle aufgrund von Gewebsuntergängen in hochspezialisierten Hirnregionen kommen, z. B. Störungen von Sprachverständnis- oder Sprachbildung, Störungen des Körperbildes und Schreib-, Rechen- und Vorstellungsstörungen. Einzeln oder in unterschiedlichen Kombinationen verursachen diese Defizite vielfältige *Verhaltensabwandlungen*.

Das *Selbsterleben* und die innere Situation des dement werdenden alten Menschen umfaßt verschiedene Aspekte: Da ist zunächst die Vergeßlichkeit und die Befürchtung, soziale Abwertung zu erleiden. In fortgeschritteneren Stadien mit gröberen Störungen wird die Einordnung der eigenen Person in die Umwelt, d. h. die Orientierung immer schwerer. Auftretende Angst beeinträchtigt zumindest vorübergehend die geistige Funktionsfähigkeit zusätzlich und erfordert einen möglichst *angstreduzierenden Umgang*. Das betrifft das Vermeiden von Überforderung, das Erspüren von Hintergründen ängstlich-unruhigen Verhaltens und die Bereitschaft zum häufigen Wiederholen von beruhigenden Aussagen. Die tiefste Angst des Dementen ist die *Furcht vor dem Verlassenwerden*.

Belastungen der Pflegenden und ihrer Familien

Die Angehörigen altersschwacher, kranker oder senil dementer pflegebedürftiger Menschen sind vielfältigen Belastungen ausgesetzt. In den frühen Phasen der senilen Demenz leiden sie oft unter den *unscharfen* Grenzen zwischen Krankheit und Persönlichkeit. Häufig mißverstehen sie schwieriges, vermeintlich provozierendes Verhalten als absichtlich und übersehen die Krankheit als Ursache. Ein großes Problem ist das Angebundensein, das zur Einschränkung von sozialen Kontakten führt – Freunde, Veranstaltungen, Einkaufsbummel – und – dies wiegt schwerer – ein Ungleichgewicht in das *Verhältnis von Pflichten zu Bedürfnissen* bringt. Ganz grundsätzlich läßt sich sagen, daß die physische Dimension der Versorgung weniger belastet als die psychische. Angehörige stufen somatisch-pflegerische Probleme, z. B. Inkontinenz, geringer ein als die Schwierigkeiten, angemessen auf geistige Defizite und Veränderungen der Persönlichkeit zu reagieren.
In vielen Fällen bedeutet es eine mühsame Umstellung, in die Rolle der versorgenden, damit auch überlegenden und zugleich verantwortlichen Person hineinzuwachsen, also eine Art von *Rollenumkehr* bzw. einen *Wechsel des Machtgefälles* zu vollziehen (Bruder, 1988a; Clasen, 1986). Dieser gegen wesentliche Ziele der kindlichen Erziehung verstoßende Wechsel verunsichert und kann Angst machen. Immerhin bedeutet er ja die Verwirklichung frühkindlicher Phantasien von der Überlegenheit über die Eltern,

wenn auch unter den Zeichen von Verantwortlichkeit und Versorgungsnotwendigkeit. Blenkner (1965) bezeichnete die Fähigkeit erwachsener Kinder, emotional autonom und in Abwägung gegen andere Interessen die Verantwortung für ihre kranken Eltern zu übernehmen, als »*Filiale Reife*«. Dieses Konzept umfaßt außerdem die Fähigkeit zu einem fürsorglich-begrenzenden (-autoritären) Versorgungsstil unruhiger Dementer ebenso wie das Vermögen, Schuldgefühle, die in derartigen familienpflegerischen Situationen lähmend werden können, auf einem angemessenen Niveau zu halten (Bruder, 1988b).

Insbesondere die dementiven Einbußen werden in den einzelnen Versorgungsbedingungen (Ehepartner, Kinder) unterschiedlich erlebt. Wird der Ehepartner dement, bedeutet dies vor allem den allmählichen Verzicht auf Austausch und gemeinsames Erleben. Möglicherweise ist die Tendenz zur Verleugnung dementiver Veränderungen in der Ehe größer als in Eltern-Kindbeziehungen. Die Verlustangst, aber auch die große Altersnähe, also die Angst vor ähnlichen Veränderungen, sprechen dafür.

Sowohl für die pflegenden Ehepartner als auch für die pflegenden Schwiegerkinder sollen hier die drei »*Filiale Reife*« kennzeichnenden Merkmale gesondert betrachtet werden:

Emotionale Autonomie. Manche Pflegende trennen sich schwer von der Erwartung, immer noch etwas von ihren Eltern an Schutz und Förderung zu bekommen. Bei ihnen kann es sich um noch stark kindlich gebundene und unabgegrenzte Persönlichkeiten handeln, die in vielerlei Hinsicht belastet und gefährdet sind. Zum einen fällt ihnen die realistische Wahrnehmung der Defizite und damit auch der angemessene Umgang mit ihnen schwer, zum anderen ist zu befürchten, daß die Pflege u. U. verhindert hat, daß sich Identität und Lebenserfahrung in anderen Bereichen als diesem entwickeln konnten. Hier ist es sinnvoll, eine verbesserte *Abgegrenztheit und Selbständigkeit* vom alten Menschen im Sinne emotionaler Autonomie anzustreben. Neben der Entwicklung von Maßnahmen und Förderung bestimmter Verhaltensweisen geht es in diesem Prozeß wesentlich um die Auseinandersetzung mit den Ängsten und Widerständen, die auftreten, wenn kleine Schritte auf dem Weg zu mehr Autonomie ins Auge gefaßt und gewagt werden.

Fürsorglich-autoritäres Pflegeverhalten. In einem weiteren Bereich von Schwierigkeiten muß neu gelernt werden. Insbesondere, wenn ein geistig eingeschränkter Mensch körperlich noch gut beweglich ist, erfordern sein mangelndes Orientierungs- und Kontrollvermögen bei familiärer Versorgung immer wieder, daß man ihm *Grenzen setzt.* Das kann sich auf Nichterfüllung von Wünschen und Verbote wie auch auf das Verschließen von Zimmern, das Festhalten und Abwehren beziehen. Dies sind Maßnahmen, die uralten Geboten aus den frühen Phasen der Eltern-Kind-Beziehung zutiefst zuwiderlaufen und deshalb zunächst starke Schuldgefühle hervorrufen können.

Reduktion von Schuldgefühlen. Hier ist es wichtig, der Pflegenden zu vermitteln, daß man sieht, wie sehr sie aus *liebevoll-fürsorglicher Verantwortlichkeit* handelt. Es kommt also darauf an zu verhindern, daß die Schuldgefühle zu groß werden und sich verselbständigen. Im Übermaß führen sie zu Depressionen oder zu Entscheidungsunfähigkeit, also zum Unvermögen, zwischen notwendigen und überfordernden Anstrengungen zu unterscheiden, so daß das Risiko völliger Erschöpfung und des Zusammenbruchs der Versorgungssituation wächst und es damit zu einer Auflösung der Pflegegemeinschaft kommen kann.

Es ist deutlich, daß die drei zuletzt besprochenen Schwerpunkte miteinander in enger Beziehung stehen und sich zum Teil überlappen. Sie begrifflich voneinander abzugrenzen, hilft aber zu verdeutlichen, wovon *Erleichterungen im Zusammenleben* mit Alterskranken, insbesondere Dementen zu erwarten sind. Dies betrifft Pflegende, die sich allein bemühen, aber auch Versorgungsgemeinschaften, denen von außen geholfen wird. Diese Eigenschaften stellen eher Entwicklungsrichtungen als Zustandsbeschreibungen dar.

Kranke und demente Ehepartner, Mütter oder Väter zu pflegen, heißt sich von ihren vertrauten und wichtigen Wesensbereichen und Fähigkeiten allmählich zu trennen. In diesem Zusammenhang spricht man von *»partieller Trauer«.* Für manch eine Pflegende bzw. einen Pflegenden bedeutet dies, von Schutz und Unterstützung einer Elternperson endgültig Abschied nehmen zu müssen. Dieses *Abschiednehmen in kleinen Schritten* hat belastende, aber auch entlastende Aspekte. Belastend ist sicher, daß durch den permanent drohenden Abschied und Tod sozusagen eine angespannte *Wartestellung der Seele* erzwungen wird, weil die endgültige Trauerarbeit des Abschieds nicht stattfinden kann und sich die erhoffte Erholung nicht einstellt, solange jemand noch nicht gestorben ist. Auf der anderen Seite kann es entlasten, sich auf *erhaltene Züge und Potentiale* zu besinnen und damit dem Schmerz des Verlustes etwas entgegenzusetzen.

Das Verantwortungsbewußtsein für den alten Menschen ist in der Familie oft nicht gleichmäßig verteilt. Es handelt sich hierbei um einen weiteren Aspekt von Familienpflege, *die innerfamiliäre Solidarität.* Dabei geht es um den Umfang der Unterstützung der pflegenden Person (meist Ehefrau bzw. Tochter oder Schwiegertochter) durch die Restfamilie und die weitere Verwandtschaft. Die Hilfsangebote bleiben häufig aus, wenn sie nicht von den Pflegenden selbst gefordert werden. Dazu ist es erforderlich, die anderen über den Zustand des Pflegebedürftigen wie auch über das Ausmaß der eigenen Belastung zu informieren. Bestehen jedoch langanhaltende Meinungsverschiedenheiten oder Konflikte innerhalb der Familie, verhindern diese, über die Verteilung der Verantwortung zu reden. Das führt häufig zur Resignation der Pflegenden. Wird *einer* Person die Bürde aufgeladen, bedeutet das meistens: persönliche Einschränkungen wie Verlust sozialer Kontakte, kaum freie Wochenenden, über längeren Zeitraum keinen Urlaub, erhöhte Anfälligkeit für Erkrankungen, weniger Zeit für Haushalt, Kinder und Ehepartner. Ist eine Tochter hauptverantwortlich Pflegende, braucht sie die Hilfe ihres Mannes und der Kinder bei der Bewältigung der Aufgaben wie Haus- und Gartenarbeit oder Pflege und Beaufsichtigung der Großeltern. Manchmal sind die Kinder schon aus dem Haus oder wollen der Atmosphäre entgehen und sind deshalb vorzeitig ausgezogen. Die meisten Männer arbeiten tagsüber. Entweder ziehen sie sich abends zurück, oder die Frauen meinen, sie mit der Pflege nicht belasten zu können. So kann Pflege zur Belastung der Partner- oder Eltern-Kind-Beziehung führen, was wiederum die Pflegebeziehung zusätzlich erschweren kann.

Über einen längeren Zeitraum scheint es einigen Familien zu gelingen, die mit der Pflegeübernahme verbundenen Probleme und Aufgaben aus eigener Kraft zu bewältigen. In den meisten Fällen kommen Familien aber an *Grenzen ihrer Belastbarkeit*. Noch immer zu wenige öffnen sich nach außen, um sich über Hilfsangebote von seiten Dritter zu informieren. Der erforderliche Schritt, *Dritte* dem zu Pflegenden zuzumuten, eigene Pflegeleistungen abzutreten und den eigenen Lebensbereich in seiner Unvollkommenheit für Fremde zu öffnen, hilft, die Länge nicht zur Last werden zu lassen. *Weitere Hilfen* erstrecken sich auf das *praktisch-pflegerische* Handeln. Hierher gehören die Verbände der Freien Wohlfahrtspflege mit ihren haupt- und nebenamtlichen Pflegekräften, Gemeindeschwestern und die vielerorts eingerichteten Sozialstationen als Anlaufstellen für Ratsuchende, die hier auch sozialrechtliche und finanzielle Beratung erhalten. *Emotionale Entlastung* können pflegende Angehörige z. B. in Selbsthilfegruppen oder angeleiteten Gesprächsgruppen finden. Beratung und Anleitung sollten folgende Aspekte berücksichtigen:

- Förderung emotionaler Autonomie der Pflegenden
- Fähigkeit, Grenzen zu setzen (bei Dementen)
- Klärung der emotionalen Beziehung zum Gepflegten, der Motivation für die Pflege, Befreiung vom Druck sozialer Erwartungen oder familiärer Normen
- Realistisches Erkennen und Akzeptieren von Defiziten und Einschränkungen bzw. noch vorhandener Fähigkeiten zur
- Vermeidung unangemessener Forderungen an den zu Pflegenden
- Bearbeitung der Trauer um Verluste von Wesenszügen und Kompetenzen des kranken Partners oder Elternteils
- Bearbeitung von inter-generativen Konflikten, die schon vor der Erkrankung bestanden
- Unterstützung bei der Umkehr des Machtgefälles (Rollenumkehr) und Bearbeitung aggressiv-destruktiver Phantasien und Bemächtigungsimpulse

- Entlastung von Schuldgefühlen
- Anerkennung für Pflegeleistungen bei fehlender Reaktion des Kranken.

Ratsuchende haben in der Regel schon eigene Erfahrungen im Umgang mit pflegebedürftigen alten Angehörigen gesammelt, wenn sie sich an professionelle Helfer wenden. Daher bedürfen sie meist nur ergänzender Hilfestellung bei der Klärung praktischer Probleme, bei der Erweiterung ihres Handlungsspielraums und bei der emotionalen Entlastung.

Literatur

Blenkner, M. (1965), Social Work and Family Relationships in Later Life with Some Thoughts on Filial Maturity. In: Shanas, E. / Streib, G. (eds.) Social Structure and the Family: Generational Relations. Prentice Hall, Englewood Cliffs / N. J.

Bruder, J. (1984), Präventive Aspekte der Unterstützung von Familien mit dementen Alterskranken. In: Rudolf, G. A. E., und Tölle, R. (Hrsg.) Prävention in der Psychiatrie. Springer, Berlin.

Bruder J. (1987), Der ältere Mensch in der Familie. In: Schütz, R.-M. (Hrsg.) Alter und Krankheit. Urban und Schwarzenberg, München.

Bruder, J. (1988), Empfiehlt es sich, das Entmündigungsrecht, das Recht der Vormundschaft und der Pflegschaft über Erwachsene sowie das Unterbringungsrecht neu zu ordnen? In: Deutscher Juristentag, Mainz 1988, Gutachten C (Medizinisches Teilgutachten). Verlag C. H. Beck, München.

Bruder, J. (1988a), Wenn der Geist der Eltern nachläßt: demente alte Menschen in der Familie. In: Göckenjahn, G., Kondratowitz, H. v. (Hrsg.), Alter und Alltag. Suhrkamp, Frankfurt / Main.

Bruder, J. (1988b), Filiale Reife – ein wichtiges Konzept für die familiäre Versorgung kranker, insbesondere dementer alter Menschen. Zeitschrift für Gerontopsychologie und -psychiatrie, 1, Heft 1. Verlag Hans Huber, Bern / Stuttgart / Toronto.

Clasen, H. (1986), Zur emotionalen Situation zwischen den Generationen. In: Theorie und Praxis der Sozialen Arbeit, Heft 7 / 8.

Mace, N. L. / Rabins, P. P. (1988), Der 36-Stunden-Tag. 2. erg. Aufl., Verlag Hans Huber, Bern/Stuttgart/Toronto.

Schultze-Jena, H. (1986), Interventionen bei Angehörigen von hilfebedürftigen Älteren. In: Hirsch, R. D. / Krauß, B. (Hrsg.), Gerontopsychiatrie und Altenarbeit. Deutsches Zentrum für Altersfragen, Band 67. Berlin.

Franco Rest

Sterbende begleiten – können wir das?

Eine Orientierung für Angehörige und Helfer

Was ist Begleitung?

»Hier gibt es Ärzte, Schwestern, Priester, Angehörige«, sagt eine ältere Frau wenige Tage vor ihrem Tode, »einen Menschen habe ich noch nicht gesehen.« – Wer »zu Hause« lebt und stirbt, der stirbt noch längst nicht »zu Hause«, denn nicht jeder hat zu Hause ein »Zuhause«; und wer schließlich zu Hause lebt und stirbt, der hat noch keine Sicherheit, im Sterben auch nach Hause zu gelangen; denn Sterbebegleitung endet bereits, kurz bevor jemand im »Zuhause« angelangt ist, in jenem Zuhause, wo für jeden von uns eine Wohnung bereitet ist (Joh. 14,2). – Wenn »begleiten« »mitgehen« heißt, gibt es eigentlich keine Begleitung Sterbender, es sei denn, wir sterben mit, wie jener Jesus von Nazareth es tat (Lk. 23,43): »Heute wirst du mit mir im Paradies sein.« Im übrigen hat dieser Jesus kein Vorbild für Sterbebegleitung geliefert, sondern immer wieder die Verstorbenen ins Leben geleitet. Sterbegeleit führt eben nicht in den Tod, sondern in ein anderes, neues Leben. – »Die Seele mir bringt er zurück, er *leitet* mich in wahrhaftigen Gleisen um seines Namens willen. Auch wenn ich gehn muß durch die Todschattenschlucht, fürchte ich nicht Böses, denn du bist bei mir, dein Stab, deine Stütze – die trösten mich ... Nur Gutes und Holdes verfolgen mich nun alle Tage meines Lebens, ich kehre zurück *zu Deinem Haus* für die Länge der Tage« (Ps. 23,3–4;6 übers. von M. Buber). – Uns fiel nichts ein, was wir an seinem Sterbebett hätten musizieren können; unsere jungen Lieder hätten ihn sicher erschreckt auf seine alten Tage. Aber Musik hatte er gewünscht. So spielten wir denn, was er sicher kannte: »Hänschen klein« und »Auf, du junger Wandersmann«. Er sagte es uns; wir hätten es sicher nicht gemerkt, daß wir die richtigen Sterbelieder gewählt hatten: »... ging *allein* in die weite Welt hinein ... doch die *Mutter weinet* sehr ... da besinnt sich das Kind, *läuft nach Haus* geschwind«; »... jetzo *kommt die Zeit heran* ... wolln uns *auf die Fahrt* begeben ... trägt's Felleisen auf dem Rücken, trägt es *über tausend Brücken*, bis er kommt nach Innsbruck rein«. Er war der Solist in unserem kleinen Konzert, obwohl er nicht mitsingen konnte und wir unsere Instrumente dabei hatten. Und trotzdem *begleiteten* wir ihn nur; wir gaben gekonnt unsere Töne, aber er machte daraus stumm eine Melodie. Nun erst wußten wir, was »Begleitung« sein kann und soll: ein Orchester mit einem stummen Solisten.

Sterbebegleitung ist strengstens von der Sterbehilfe abzugrenzen und zu unterscheiden; man kann geradezu an der Wortwahl oftmals erkennen, wes Geistes Kind bezüglich des Sterbens eines fremden Menschen ein »Helfer« ist. Denn Sterbehilfe ist Hilfe *zum* Sterben, will also das Sterben selbst fördern und ggf. beschleunigen, ohne daß dies von dem Sterbenden selbst gesteuert und veranlaßt wäre; Sterbehilfe ist also identisch mit der Tötung auf Verlangen, wobei nicht einmal das ausdrückliche Verlangen Voraussetzung der Hilfe wäre, sondern auch ein mutmaßliches Verlangen ausreichen würde. Immer wenn also von »Beistand« oder »Begleitung« die Rede ist, kann ausdrücklich nicht auch von »Hilfe« die Rede sein. Das hängt mit der ursprünglichen Bedeutung dieser Worte selbst zusammen.

»Hilfe« ist immer fremdbestimmt, eine Unterstützung und Mitwirkung von außen, die sich fremder Mittel (Hilfsmittel wie tödlicher Medikamente) und fremder Kräfte (beruflich Handelnde oder »Handlungsreisende in Tötungshilfen«, also Hilfskräfte) bedient. Die Distanz zwischen dem Hilfeempfänger und dem sogenannten Helfer ist ein Merkmal dieser Hilfe; Sterbehelfer erwarten deshalb Dankbarkeit, wenn nicht vom Sterbenden selbst, so doch wenigstens von der Öffentlichkeit; sie lassen sich auch die Hilfe ggf. bezahlen wie bei der Firma »Threshold« in Los Angeles. Das Wort »Hilfe« ist sprachverwandt mit »hehlen«, was soviel bedeutet wie »verhüllen« oder »verbergen« (z. B. ein Diebesgut) oder »begünstigen« (z. B. ein Verbrechen).

»Beistand« hat mit dem »Stehen« zu tun, ist also etwas Statisches. Der sterbende Mensch kann nicht mehr stehen; sein Liegen-Müssen verlangt pflegerische Maßnahmen, z. B. für die richtige Lagerung, für eine Vorbeugung gegen das Durchliegen, für die Freihaltung der Atemwege. Für den Liegenden hat sich die ganze Blickrichtung seines Lebens verändert: er schaut von unten nach oben, liegt nur noch selten mit einem anderen Menschen zusammen, hat einen verminderten Lebensraum. Für den Liegenden als einem ehemaligen Stehenden treten wir nun als Anwälte des Stehens auf; wir *stehen für ihn ein*, wir *stehen ihm bei*.

Demgegenüber ist die »Begleitung« etwas Dynamisches, Bewegtes. Allerdings deutet ihr Zusammenhang mit »leiten« = anleiten, führen, mitnehmen, lenken, wiederum auf Fremdbestimmendes hin. Im Mittelpunkt der Betrachtung steht eben doch der Begleiter, weniger der Begleitete. Deshalb sind Anleitungen zur Sterbebegleitung stets für die Hand der Begleiter, kaum jedoch für die Hand der Begleiteten gedacht. Unser Bestreben, den ganzen Vorgang in die Abhängigkeit vom Sterbenden zu bringen, weil dieser allein weiß, was für ihn recht und richtig ist, wäre am besten durch das neue Wort *»Sterbegeleit«* ausgedrückt; denn im Geleit steckt die Bewegung, das Aktive ebenso wie die Selbständigkeit des Sterbenden innerhalb des Prozesses. Das ist ausgedrückt im Bild vom Sinfonieorchester und Solisten: das kleine Instrument ist bestimmend, auf seinen Kammerton ist alles abgestimmt; die Instrumentalisten des Orchesters sind vielleicht nicht weniger begabt und befähigt, aber sie haben sich eben der Interpretation des Solisten zu unterwerfen.

Beistand und Begleitung sind Gemeinschaftsaufgaben, aus der Gemeinschaft der Lebenden mit den Sterbenden (vgl. mein Buch »Den Sterbenden beistehen – Ein Wegweiser für die Lebenden«, Heidelberg/Wiesbaden 1986, 2. A.) und aus der Gemeinschaft der sich für das Geleit verantwortlich Fühlenden. Hier müssen also die Fachkenntnisse, das innerste Menschentum, die ethische Gesinnung, die Freundschaftskraft zusammenwirken. In dem Maße, wie wir uns gemeinsam vorbereiten, beraten lassen, Kenntnisse aneignen, besinnen, üben, werden wir Beistände und Begleiter als Angehörige ebenso wie als »berufliche Helfer«.

Im Spektrum dieser Gesamtaufgabe einer individualisierenden, persönlichen, dem einzigartigen Leben eines Menschen einzigartig folgenden Sterbebegleitung stellen sich also mindestens folgende Aufgaben:

- medizinisch-pflegerisch richtige Versorgung zur Erleichterung und erträglichen Gestaltung des Sterbens eines anderen Menschen;
- angemessene Bekämpfung der körperlichen Leiden und Schmerzen beim Sterben (auch mit entsprechenden Mitteln);
- Mithilfe bei der Überwindung der emotionalen und spirituellen Schmerzen z. B. wegen der vielen Verluste, des Abschieds, der entgleitenden Sinnfindung, der Verunsicherungen;
- fördernde Beeinflussung des Bewußtseins des Sterbenden zu dessen Anregung, aber auch ggf. Trübung (evtl. auch mit entsprechenden Psychopharmaka);
- Verzichtsleistung auf alle Versuche zur Verlängerung eines unausweichlichen Sterbens, damit der Tod frei, ungestört, unverzögert und persönlich geprägt ablaufen kann;
- Klarheit bezüglich einer evtl. nötigen Mitwirkung an der rechtzeitigen Beendigung des Lebens;
- umfangreiche Gespräche mit dem Kranken und seiner Umwelt über den zu erwartenden Krankheitsverlauf, über das Erlebte und die ganze damit verbundene Gefühlswelt;
- Herstellung und Aufrechterhaltung einer zärtlichen Beziehung durch alle Anfechtungen hindurch auf der Grundlage von Ehrlichkeit, Offenheit und Freundschaft.

Worauf richtet sich die Begleitung?

Es wird kaum möglich sein, das gesamte Lernprogramm für die Sterbebegleitung hier aufzuzeigen. Dazu sei verwiesen auf mein Studienbuch »Sterbebeistand, Sterbehilfe und Sterbebegleitung« (Stuttgart 1989). Ein Grobüberblick muß jedoch auf fünf einzelne Lernfelder verweisen, die gewissermaßen zu einem Kerninhaltskatalog führen könnten. Dabei ist zu berücksichtigen, daß es sich bei der Sterbebegleitung ja zunächst um eine Weiterführung von Leben unter besonderen Vorzeichen handelt; wir müßten also darstellen, in welcher Form Begleitung von Leben zu erfolgen hätte. Dazu ist es notwendig zu bedenken, daß menschliches Leben einerseits an diesen Tag, diesen Augenblick, die Gegenwart gebunden ist und sich andererseits auf ein je einmaliges Individuum bezieht. Die *Bedürfnisse* des Menschen orientieren sich also am Heute und am Wunsch, so sein zu dürfen, wie der Mensch unverwechselbar gerade ist. Erst darauf aufbauend kann von eigenem Sterben gesprochen werden.

Erster Grundsatz: *Sterbebegleitung erfüllt die grundlegenden Bedürfnisse sterbender Menschen.*

Es sind wie bei allen Menschen Bedürfnisse des Körpers, der Sicherheit, der Liebe, der Achtung, der Selbstverwirklichung und der Begegnung – bezogen auf die Gegenwart und die je eigene, unverwechselbare Person (siehe die Aufstellung auf den Seiten 82 und 83). Bei den Bedürfnissen, die darauf aufbauend das eigene Sterben und einen persönlich geprägten Tod in den Blick nehmen, kommen noch dingliche, personale und soziale Bedürfnisse zu den schon genannten des Körpers, der Sicherheit, der Liebe, der Achtung, der Selbstverwirklichung und der Begegnung hinzu (siehe die Aufstellung auf den Seiten 84 und 85), so daß insgesamt deutlich wird, wie umfassend die grundlegenden Bedürfnisse sterbender Menschen sind und welche Herausforderungen an Aufmerksamkeit, Einfühlung und praktischer Hilfestellung daraus den pflegenden und sie begleitenden Personen erwachsen.
Nach dieser Auflistung von Bedürfnissen müßte konkreter auf die pflegerischen Aufgaben eingegangen werden. Auch das Zuhause läßt eine ganzheitliche und »patientenzentrierte« *Pflege* durchaus zu; vielleicht ergibt sie sich sogar erst positiv daraus. Aber solche Pflege muß auch erlernt und erarbeitet werden, ggf. unter Heranziehung der beruflichen Helfer, z. B. der Pflegekräfte der Sozialstationen/Diakoniestationen/Gemeinde.

Bedürfnisse	bezogen auf das Heute
des Körpers	Anregungen für die Sinne bekommen / ein geschlechtliches Wesen bleiben dürfen
der Sicherheit	einen Tages- und Lebensrhythmus auf die jeweilige Situation bezogen / Vermeiden übergroßer Unruhen und Vermeidung der streßhaften Nebenwirkungen von pflegerischer Überwachung
der Liebe	Einbeziehen der Familie / sinnvolle Besuchszeitregelungen und tagesabhängige Verabredungen mit allen wichtigen Personen / Zulassen von Kindern und Tieren beim Sterbenden
der Achtung	Gespräche nur mit, nicht über den Sterbenden / Berechtigung aller, auch verwirrter Reden beim Sterbenden / Ernstnahme des jetzigen Augenblicks durch geringen Rückblick auf Vergangenes und Vermeidung von Ausblicken auf falsche Zukünfte
der Selbstverwirklichung	Zulassen aller schöpferischen Handlungen, Phantasien, Träume einschl. ausgefallener Wünsche
der Begegnung	gute, bekannte und sinnvolle Lieder bereithalten zum Singen / zur jeweiligen Stunde passende Menschen real und in Erinnerung ansprechen / den Gott des Tages sichtbar machen und den Gott der Nacht zulassen

Bedürfnisse	bezogen auf die unverwechselbare Person
des Körpers	Gebrechen als zum Leben dazugehörend akzeptieren / alle Veränderungen ernst nehmen / den Menschen schlafen lassen, wenn andere wach sind (und umgekehrt), soweit vom Beistand her erträglich
der Sicherheit	hinnehmen, wenn der Sterbende zu oft oder zu selten ruft / »Eigentherapien« in allen Formen zulassen und ggf. unterstützen
der Liebe	»unerlaubte« Zärtlichkeiten nicht zurechtrücken / vielfältige Zuwendung üben ohne ständigen Einsatz von Worten (also auch Stille zulassen)
der Achtung	den Menschen nicht wie ein Kind behandeln, das sterbende Kind nicht wie einen Erwachsenen / Gespräche und andere Impulse nicht ungefragt geben
der Selbstverwirklichung	akzeptieren, wenn der Mensch »einsam« sein möchte / Vermeiden von Panik, Hetze und Routine / Eigenleistung des Sterbenden bei Alltäglichem zulassen und nicht ihm gegen seinen Willen abnehmen
der Begegnung	die jeweilig eigene Religion und Glaubensüberzeugung des Sterbenden wahrnehmen und unterstützen, ohne »lügen« zu müssen / den Sich-Losreißenden loslassen, dem Fallenden einen Auffang geben (»Wir alle«, »ich mit dir«, »die Hand Gottes«)

Bedürfnisse	bezogen auf das Sterben und den Tod
dingliche	ein auf das Sterben hin persönlich gestaltetes Zimmer / alle Verluste gering halten / auch die kleinen Besitztümer schützen
personale	bei Waschungen und anderen pflegerischen Tätigkeiten die Intimität des Menschen beachten / Formen persönlicher Berührung entwickeln / Erinnerungen pflegen
soziale	Kontakte fördern und wiederbeleben / soziale Beziehungen zu Dingen, Pflanzen, Tieren u. a. ermöglichen und unterstützen
des Körpers	Schmerzen kontrollieren und Leid zulassen, soweit es der Sterbende braucht / bei Klagen, Schmerzen und Leiden ggf. geduldig ausharren / körperliche Nähe und Anwesenheit üben / Körperrhythmen beobachten und darauf eingehen (Schlafen, Essen)
der Sicherheit	zulassen, daß sich Ängste, Haß, Wut, Freude und andere Gefühle ausleben können / Gesprächsbereitschaft zu Gefühlen und Ängsten / berechtigte Angst in geborgene Angst wenden
der Liebe	soziale Zärtlichkeit im Dabeisein üben / Zärtlichkeit ohne Aufdringlichkeit / Liebe über die Haut mitteilen / auch räumliche Abstände zum Sterbenden weitgehend verkleinern / auf Gefühlsäußerungen jeder Art eingehen

Bedürfnisse	bezogen auf das Sterben und den Tod
der Achtung	auch dem Bewußtlosen noch erklären, was geschieht / nie den Sterbenden mit seinem Zustand gleichsetzen / Sonderwünsche auch bezüglich des äußerlichen Aussehens zulassen und erfüllen
der Selbstverwirklichung	zulassen, daß der Sterbende Verantwortung für sein Sterben übernehmen will / Fragen zur Sinnfindung nicht ausweichen / Hilfe bei der Ordnung der »letzten Dinge« / Wahrhaftigkeit und Wahrheit üben / der Stille Raum geben, aus der eine Persönlichkeit schöpferisch auftauchen kann
der Begegnung	den Sterbenden über sich hinausschreiten lassen / durch Bereitschaft, ihn loszulassen, ihm helfen, sich loszulassen / erlauben, wenn er »außer sich gerät« / sich vom Sterbenden bei der Hilfe helfen lassen / dem Sterbenden zugestehen, daß sein Sterben Bedeutung hat / Symbole, Farben, Musik, Zärtlichkeiten, Lachen, Weinen als verständlich begreifen und ihre Botschaft entschlüsseln / singen, beten, küssen, stützen, schweigen, stille sein, denken, sich erinnern, träumen…

Zweiter Grundsatz: *Sterbebegleitung erfüllt die ganzen Aufgaben sinnvoller Pflege.*

Baden des Patienten, Mundpflege, Gesamttoilette, Lageänderung mindestens alle zwei Stunden, Offenhalten der Luftwege durch Entfernen der Sekretionen und durch Verhinderung eines Versperrens der Luftwege durch die Zunge, Ernährung (ggf. Beobachtung der Infusionen), exaktes Beobachten der Lebenszeichen und Erkennen der Veränderungen, Schmerzkontrolle, Herstellung einer dem Sterben angemessenen Atmosphäre.

Müdigkeit. Ruhe und erholsamer Schlaf sind zu sichern. Der erholsame Schlaf wächst aus richtiger Pflege des Mundes, der Lippen, Augen und Nase. Flüssigkeit muß hinreichend zugeführt werden, damit im Schlaf die Lippen nicht zu sehr eintrocknen. Müdigkeit ist auch Ausdruck schwindender Lebenskraft; im Schlaf aktivieren sich aber auch Erinnerungen und innere Bilder. Der Mensch wendet sich schrittweise nach innen.

Angst und Beklemmung. Sofern Ursachen erkannt werden können, müssen diese behoben werden, z. B. bei Atemnot, Dunkelheit, Kälte, geschlossenen Türen. Nicht ersichtliche Ursachen deuten auf innere Nöte hin, auf das Fehlen der Menschen, die Angst vor der Wertlosigkeit der eigenen Person und des vergangenen Lebens. Alle Einschnürungen müssen vermieden werden; der Sterbende soll sich frei und unbeschwert fühlen dürfen.

Übelkeit und Erbrechen. Wichtig ist das nachgehende Frischmachen, die kühle Waschung des Gesichtes. Wieder ist Austrocknung die größte Gefahr; deshalb muß hinreichend Flüssigkeit zugeführt werden, die Mundhöhle ist feucht zu halten und evtl. behutsam auszuwaschen. Bei der Lagerung ist darauf zu achten, daß der Mensch gut durchatmen kann. Deshalb sollte er nicht flach gelagert werden (auch nicht beim Bettenmachen).

Schwitzen. Stärkeres Schwitzen deutet häufig auf die Nähe des Todes hin, aber auch auf die Schwere der »Arbeit«, die hier geleistet wird. Waschungen und Einreibungen können Erleichterung bringen. Wie in den anderen Bereichen ist das Wasser nicht nur Feuchtigkeitsbringer und Erfrischer, sondern auch eine Erinnerung an das Fruchtwasser der vorgeburtlichen Existenz, in welche sich der Sterbende anschickt, zurückzukehren.

Diese Liste der pflegerischen Wichtigkeiten ist selbstverständlich nicht vollständig, sondern im Einzelfall ergänzungsbedürftig. Aber sie zeigt bereits wichtige Orientierungspunkte. Die Pflege ist zumeist auf die Verhinderung von Komplikationen gerichtet und daher »negativ« gefärbt. Es gibt aber auch einen bedeutsamen Positiv-Bereich unseres Auftrags.

Dritter Grundsatz: *Sterbebegleitung bekämpft die Leiden des Sterbens, aber schützt das einzigartige Leid.*

Der Grundsatz der Leid-Bewahrung ist nur sehr schwer erlernbar, weil er besondere Sensibilität und Beobachtungsgaben erfordert. Aber es wäre gefährlich, wenn wir uns nur darauf richten würden, die zugefügten Leiden zu bekämpfen, Vereinsamung zu verhindern, die bevorstehenden und erfahrenen Verluste erträglicher zu machen, das Versagen unserer Sprache zu bedauern. Vielmehr ist es unsere Aufgabe, das Leid des Sterbenden zu durchschauen und ihm zuzubilligen, daß er es leben möchte; wenn denn schon alle Menschen einsam sterben, weil niemand mitgeht auf dem Weg, so müssen wir ihnen auch erlauben, Einsamkeit zu suchen, eins werden zu wollen mit sich selbst und Gott; der Sterbende sollte sich trennen dürfen, weil vollzogene Trennungen den verbleibenden Lebensabschnitt zur Lebenssättigung bringen können; das Versagen unserer Stimme führt zwar zum Schweigen, öffnet aber auch den Raum für belebende Stille. Schon die Begrifflichkeit dieser wenigen Sätze läßt die außerordentliche Behutsamkeit erahnen, welche benötigt wird, um der Leid-Bewahrung gerecht zu werden; aber es lohnt sich.
Auch zur rechten Sprache könnten Bücher geschrieben werden und sind bereits geschrieben worden. Aber oftmals machen die dort versteckten Lehren das Sprechen so kompliziert, daß schließlich schon aus psychologischen Gründen die Stimme versagt.

Vierter Grundsatz: *Sterbebegleitung sucht auch nach der angemessenen Sprache.*

Sterbliche Sprache, Sprache im Sterben, ist eine Zwiesprache, also weniger ein Gespräch oder gar eine Rede/Gegenrede. Trotzdem braucht auch die Zwiesprache ein Thema. Dieses kann – wenn nicht in den Impulsen des Sterbenden vorgeformt – in Texten, Fragen, Liedern, Gedichten, Alltagssachen u. a. gefunden werden. Aus den Gesprächsanlässen wird sterbliche Zwiesprache, wenn die Anlässe vom Sterbenden angeboten werden. Mit dem Lesen, Vorlesen, Aufsagen und Vorbeten erlange ich allenfalls Ersatz-Anlässe. Bei der direkten Sprache der Sterbenden müssen wir ein Verhältnis zu den Selbstgesprächen, der Symbol- und Bildersprache oder dem indirekten Reden gewinnen (Malen, Märchen-Verändern, Fingerpuppen-Sprechen-Lassen, Musizieren).
Selbstverständlich steht immer neben der Inhalts- auch die Beziehungsebene. Beziehung entsteht weniger in den Worten als im Erleben, weniger im Sprechen als im Denken, Handeln, Hervorbringen, Einwirken. Beziehungsreiche Zwiesprache braucht Ehrlichkeit: Sage niemals etwas, was du irgendwann wieder zurücknehmen müßtest oder woran du selbst nicht glaubst! Beziehungsreiche Zwiesprache braucht Emotionalität: Der Mensch stirbt am Kopf zuerst; deshalb sprich nicht nur mit dem Mund zu den Ohren, nicht nur von Angesicht zu Angesicht, sondern auch von Hand zu Hand, von Körper zu Leib; sprich mit dem Raum und dem Zimmer! Sterben, Tod und Leid haben nichts mit Sünde, Schuld und Strafe zu tun, auch wenn unerlöste Theologien solche Gedanken vermitteln möchten. Die Zwiesprache der Menschen untereinander und die zwischen Mensch und Gott ist frei von Sünde, Schuld und Strafangst. Im übrigen gibt es noch weitere Verwendungsformen der Stimme außer für das Wort: Singen, Murmeln, Stöhnen, Weinen.

Fünfter Grundsatz: *Sterbebegleitung braucht Formen des nicht-sprachlichen Ausdrucks.*

Gerade weil Sterben oftmals noch einen lebendigen Verlauf jenseits der Sprach- und Hörfähigkeit nimmt, müssen die unsprach-

lichen Formen rechtzeitig geübt werden: das gemeinsame Schweigen, die Zeichensprache, die Herstellung einer sterblichen Atmosphäre und Wohnlichkeit, die eingeübte körperlich-räumliche
Nähe und Anwesenheit, die »hörbare Stille«, das Zuhören, auch
bei nicht vorhandenen Worten und Klängen, der ausdrucksstarke
Blickkontakt, das »sprechende« Lächeln, die ganze Palette der
Körperkontakte, die Tatsache nicht hinterfragter Solidarität, das
ungesprochene Gebet, das aus dem Schweigen Gottes erklingt, die
verfügbare, gestaltungs-offene Zeit. Und schließlich muß nochmals vom Zuhause die Rede sein: Vom bloßen »Behaust«-Sein
über das »Ein-Zuhause-Haben« zum wirklichen »Zu-Hause-Sein«
ist oftmals ein recht weiter Weg; vielen Räumen ist es gleichgültig,
wer in ihnen stirbt, auch dann, wenn sie rechtlich dem Sterbenden
gehören. Erst dann sind wir wirklich zu Hause, wenn der Raum, in
dem wir sterben, von uns zu sprechen beginnt. Dann gibt es auch
keinen räumlichen Gegensatz mehr zwischen diesem Zuhause und
dem »Jenseits«.

Wie können wir Begleitung lernen?

Die hier geäußerten Gedanken und Stichworte deuten bereits auf
den fast uneinholbaren Umfang der Aufgabe hin und enthalten die
Gefahr, daß die Orientierung nicht erleichtert, sondern verwirrt
wird. Die so gesammelten Kerninhalte der Orientierung müßten
also in ein Lernen und Üben münden. Daraus sollen keine Sterbe-
Spezialisten, Thanato-Therapeuten usw. erwachsen, aber doch
kompetente Freunde, also nicht mit ihren hehren Idealen
Alleingelassene. Dazu hat sich sowohl für Vorbereitungsseminare
als auch für laufende Gesprächskreise eine gewisse Dreigliederung
bewährt: (1) Auseinandersetzung mit mir selbst; (2) mein Wissen
vom anderen Menschen in seinem Sterben; (3) Formen, Möglichkeiten und Grenzen meines Beistands. Man könnte die drei
Ebenen auch als Betroffenheitsebene (1), Theorie-/Beziehungs-
ebene (2) und Praxis-/Erlebnisebene (3) bezeichnen. Auf allen

Ebenen geht es darum, die Kraft, den Mut und die soziale Stärke zu sichern, welche für die übernommene Aufgabe benötigt werden.

Selbstlernen und Belehrt-Werden sind gleichrangig. Die Auseinandersetzung mit mir selbst muß auf die verinnerlichte Wirklichkeit treffen, daß wir der Tatsache unserer Sterblichkeit das kostbarste Gut menschlichen Lebens und Sterbens verdanken, nämlich die Individualität, Personalität und die Fähigkeit, lieben zu können. Wer dies verstanden und zu einem Teil seines Wesens gemacht hat, wird Sterben nicht mehr als Niederlage oder Mißerfolg therapeutischen Handelns begreifen, sondern sich auf die individuelle und liebevolle Vollendung von Leben konzentrieren, also auf ein lebendiges Sterben. Bei diesem Lernvorgang begeben wir uns in ein Wagnis, setzen das bislang Für-Wahr-Gehaltene aufs Spiel. Daß solch »gefährliche« Schritte nicht allein vollzogen werden sollten, sondern der Gemeinschaft bedürfen und der Anleitung durch erfahrene, kenntnisreiche Personen, ist selbstverständlich. Und außerdem reicht das einmalige Lernen auch kaum hin; wir benötigen einen ständigen, regelmäßigen Austausch der Gedanken, Gefühle und Kenntnisse.

Ist Begleitung begrenzt?

Jeder Beistand kann in seine Aufgabe nur so viel Kraft investieren, wie es die Balance seines eigenen seelischen Erlebens aushält; an irgendeinem Punkt setzt der Selbstschutz dem Handeln eine Grenze. Selbstverständlich ist die Grenze der Erträglichkeit von Entmutigungen individuell geprägt. Die Entpersönlichung des sterbenden Menschen, d. h. der Verlust der Persönlichkeit zugunsten rein vitalen Funktionierens, kann eine solche Grenze sein: da unser Handeln keine sichtbare Antwort erhält, haben wir Angst, falsch zu reagieren, haben Angst vor dem psychischen Wechsel von »Ebbe und Flut« in uns, haben Angst vor unserer Angst und davor, mit unserer Angst den Sterbenden zu verängstigen.

Die Prägung des Todes entzieht sich unserer Einblicke und begrenzt damit auch unser Handeln. Unsere Aufgabe ist nicht die Deutung des Geschehens, sondern seine Zulassung. Wir wissen ganz genau, daß uns einige Aufgaben nicht gelingen werden, z. B. alle Rollen gleichzeitig zu spielen (vor allem die Frauenrollen: Mutter, Schwiegertochter, Empfängerin einer rückwärtigen Geburt usw.), oder die Umwandlung der destruktiven Elemente des Lebens (Vereinsamung, Verluste, Schmerzen) in konstruktive Bestandteile des Sterbens (Einsamkeit, Trennung, Leid). Manchmal spüren wir, daß außer dem Sterbenden und uns Begleitern noch andere an dem Prozeß des Sterbens mitwirken (vorher Verstorbene, Gott); aber diese anderen können auch stören, weil sie sich uns teilweise entziehen.

Einige Ratschläge könnten die Ernstnahme unserer Grenzen erleichtern und den Wert der Grenze sichern:

- Halte stets (auch als Angehöriger) den notwendigen Abstand zu dem Sterbenden, denn Distanz ist die Grundlage von Nähe und Loslassen die Grundlage von Liebe!
- Laß dich niemals gänzlich hineinziehen in die Gefühle anderer!
- Kontrolliere dich dahingehend, daß in dir nicht der Wunsch entsteht, mit dem dir Anvertrauten mitsterben zu wollen!
- Setze deine Fähigkeit, »Nein« zu sagen, kontrolliert und bewußt ein, ohne dadurch dir selbst einen Vorwurf daraus zu machen!
- Halte dich bereit, »Fehler« und Andersartigkeiten des dir anvertrauten Menschen als zu ihm gehörend anzuerkennen!
- Sei bereit, selbst um Hilfe zu bitten bei allen, die sich dir bieten (einschließlich des Sterbenden), und die dann angebotene Hilfe auch in Anspruch zu nehmen!
- Beobachte deinen eigenen Streß (z. B. den Alkohol- und Nikotingebrauch, deine Nervosität, Überaktivität, Empfindlichkeit), die aufkommenden Gefühle von Unzulänglichkeit, Depression, Migräne, Schlafstörungen, Verspannungen, und teile das Beobachtete anderen Menschen mit!
- Laß deine innere Wut bei Gleichstarken (Freunden, Professionellen) heraus; gleichstarke Kräfte können sich zusammentun und sich gegen Gewalten und Mächte zur Wehr setzen.

Claudio Kürten

»Laßt mich doch endlich sterben!«

Begegnung mit Walter G.

Donnerstag, 28. August

Nur noch wenige Minuten, dann ist es soweit: Wir warten auf dem Balkon meiner Wohnung im 15. Stock und suchen den Himmel ab, horchen und schweigen. Mit einem Hubschrauber der Deutschen Rettungsflugwacht ist Walter auf dem Weg zu uns; begleitet von seinem Stationsarzt und einer ihm vertrauten Krankenschwester, für alle Fälle. Die 400 Kilometer weite Reise mit dem Krankenwagen wäre zu belastend, zu risikoreich gewesen. Landen werden sie auf dem Dach des nahegelegenen Krankenhauses.

Alles ist vorbereitet. Auf dem Flugdeck warten zwei Freunde mit dem Taxi, zur Begrüßung und als Geleit für den Ambulanzwagen. Seit einer halben Stunde ist der Lastenaufzug vorsorglich blokkiert. Der Hausarzt, mit seiner Praxis im ersten Stock dieses Hauses, hält sich auf Abruf bereit. Auch »sein« Zimmer ist heute morgen, im letzten Augenblick, fertig geworden – gemütlich, trotz aller Apparaturen, Geräte und Hilfsmittel, die für seine Pflege notwendig sein werden. In nur wenigen Minuten beginnt für Walter ein neuer Lebensabschnitt – auch er weiß, daß es sein letzter sein wird; keiner von uns allen weiß jedoch, wie lange er dauern wird – noch Wochen, Monate? Eingestellt haben wir uns auf mindestens ein Jahr, doch seit Wochen schon kann Walter, erst 25 Jahre alt, kaum noch schlucken …

Zweieinhalb Jahre ist sie her, seine elfstündige Operation in der Neurochirurgie der Universitätsklinik. Es galt einen Tumor zu entfernen, der sich vom Halswirbel C 1 bis zum Brustwirbel Th 7 erstreckte. Das Operationsrisiko: Totale Lähmung. Das Ergebnis: Komplette Querschnittlähmung bis zum Hals, das rechte Ohr taub, die Beweglichkeit des linken Auges eingeschränkt. Vierund-

zwanzig Stunden Pflege waren seitdem lebensnotwendig. Ohne helfende Hände ging nichts mehr. Zähneputzen, waschen, an- und auskleiden, essen, trinken, rauchen, hinsetzen – nichts ging mehr allein; auch ein Radio schaltet sich nicht selbständig ein. Seitdem müssen Darm- und Blasenentleerung, medikamentenge- steuert, zusätzlich manuell unterstützt werden. Klopftraining heißt es in der Fachsprache – ein rhythmisches Klopfen auf die Bauchdecke, damit sich die Blase entleert. Nachtasten, wenn mit dem behandschuhten Finger die Darmentleerung provoziert wird. Die größte Gefahr: Druckstellen, denn auf der gesamten Haut- oberfläche spürt Walter weder Berührung noch Wärme oder Kälte, auch keinen Schmerz. Tag und Nacht muß er deswegen ge- dreht werden, muß Seiten- mit Rückenlage abgewechselt werden, jeweils im Drei-Stunden-Intervall. Die Prognose: Der Tumor konnte nicht vollständig entfernt werden. Niemand konnte sagen, ob Walter noch drei Wochen, Monate oder Jahre zu leben habe. Sicher sei nur, daß er an den Folgen dieser Krankheit ersticken werde, denn der Resttumor drücke auf das Atemzentrum ... Es folgten zweieinhalb Jahre Krankenhaus, Altenheim, Kranken- haus, Altenheim, Krankenhaus, Altenheim, Krankenhaus ... Keine Pflegeeinrichtung war so ausgestattet, personell so lei- stungsfähig gewesen, um allen Anforderungen gerecht werden zu können. Mehrfach waren offene Druckgeschwüre entstanden und Atemkomplikationen aufgetreten.
Vor einer Woche war es wieder soweit gewesen: Zum viertenmal wurde mit der Suche nach einem geeigneten Pflegeheim begon- nen. Wieder war die ärztliche Versorgung abgeschlossen, das Bett wurde für Frischverletzte gebraucht und die Krankenkasse spielte nicht mehr mit ... Pflegesatz im Zentrum für Querschnittgelähmte DM 540,– pro Tag, im Altenpflegeheim DM 119,–. Inzwischen war die Lähmung so hoch gestiegen, daß Walter aufgrund seiner Schluckbeschwerden nicht mehr essen konnte, sondern nur noch flüssige Nahrung zu sich nahm. Doch seinem Leben ein Ende set- zen konnte er nicht, es sei denn durch die Nahrungsverweigerung – doch was hatte der verantwortliche Arzt erklärt? »Wenn Sie das Bewußtsein verlieren, dann muß ich Sie mit Infusionen ernähren, denn es ist meine Pflicht als Arzt, Leben zu erhalten!«
So reifte mein Entschluß, Walter zu mir nach Hause zu holen. Ken-

nengelernt hatten wir uns vor fast zwei Jahren zu Weihnachten, als auch ich noch Patient im Querschnittzentrum gewesen war.

Nun galt es, viele Fragen zu klären: Wie würde sich die Klinik dazu stellen? Wer würde die Kosten tragen? Welcher Arzt wäre dazu bereit, die Betreuung zu übernehmen – vor allem aber zuzulassen, daß Walter seinem Erstickungstod zuvorkommt, indem er die Nahrungsaufnahme einstellt? Und schließlich, wer würde mir bei der Pflege helfen, waren doch meine Möglichkeiten aufgrund der eigenen Rollstuhlsituation sehr begrenzt?

Die erste Überraschung: Der Stationsarzt reagierte vorbehaltlos positiv. Schon lange habe er sich gewünscht, daß Walter privat gepflegt werden könne! Spontan erklärte er seine Bereitschaft, Walter nicht nur auf dem Transport zu begleiten, sondern auch dafür zu sorgen, daß die Krankenkasse und das Sozialamt die notwendigen Anträge für die Kostenübernahme beschleunigt bearbeiten. Die zweite, noch größere Überraschung: Mein Hausarzt war sofort dazu bereit, die Betreuung von Walter zu übernehmen. Angesichts der infausten Prognose sah er überhaupt keine Veranlassung dazu, lebensverlängernde Maßnahmen vorzubereiten. Er versprach, alles zu tun, aber auch zu unterlassen, was der Lebenssituation Walters entsprach; insbesondere aber dafür zu sorgen, daß Walter seinen nahenden Erstickungstod nicht bei vollem Bewußtsein erleben müsse.

Am schwierigsten war es gewesen, innerhalb von nur einer Woche die erforderliche hochqualifizierte Pflege, 24 Stunden rund um die Uhr, zu organisieren. Doch schließlich war auch das Pflegeteam komplett. Zwei erfahrene Krankenschwestern, die Walter schon seit einem Jahr aus der Universitätsklinik kannten, hatten sich dazu bereit erklärt, während der ersten Wochen zu helfen und die Einarbeitung der weiteren Teammitglieder zu übernehmen. Dafür hatten sie sich vier Wochen Urlaub genommen. Zwei weitere Schwestern von der Intensivstation eines Krankenhauses in der Nähe waren dazu bereit, zusätzlich zu ihrem Dienst in der Klinik täglich mehrere Stunden morgens und abends zu kommen. Auch sie waren vertraut mit allen Besonderheiten der Pflege Querschnittgelähmter, insbesondere mit Methoden der Atemtherapie und vorbeugenden Maßnahmen gegen Druckgeschwüre. Ein weiterer Pfleger und eine Schwester fanden sich für die Nachtwachen – im täglichen Wechsel. Zusätzlich stand eine gute Kraft vom ambulanten Pflegedienst der Stadt zur Verfügung für den Fall, daß es zu Engpässen kommen sollte. Natürlich war die Kostenfrage innerhalb von sieben Tagen noch nicht endgültig geklärt – ich vertraute darauf, daß es, und sei es im nachhinein, zu einer positiven Entscheidung kommen würde. (Das war auch der Fall – mit acht Monaten Verspätung.)

15.20 Uhr, es ist soweit – für eine halbe Stunde wird es eng in meiner kleinen Zweizimmerwohnung. Zu viert schieben sie Walter ins Schlafzimmer, behutsam heben sie ihn von der Trage aufs Bett. »Hallo«, meint er zur Begrüßung nur und strahlt.
Alles hatte reibungslos geklappt; nur der Flug dauerte länger als erwartet – die Wolkendecke hatte zu niedriger, langsamerer Flughöhe gezwungen. Nach kurzem Übergabegespräch mit meinem Hausarzt verabschiedet sich der Stationsarzt – nicht mit »Auf Wiedersehen«.
An diesem Nachmittag redet Walter so viel, wie zuvor in all den vielen Monaten nicht. Er freut sich über das Wiedersehen mit den vertrauten Gesichtern aus der Universitätsklinik – waren es doch schon immer seine »Lieblingsschwestern« gewesen –, freut sich über die private Atmosphäre und berichtet über all die aufregenden Ereignisse der letzten Stunden. Nur der Professor hatte einen Wermutstropfen in den Abschied geschüttet mit der Bemerkung: »Wir werden uns schon bald wiedersehen!«, denn er glaubte nicht daran, daß für Walter auch zu Hause alles getan werden könnte, was angesichts des hochempfindlichen Gesundheitszustands erforderlich war.
Stille kehrt ein, nachdem alle Mitglieder des Pflegeteams Walter begrüßt haben, der »Dienstplan« kurz noch einmal besprochen ist und sich fünf verabschieden. Walter, nun doch sehr erschöpft, wünscht sich Ruhe – er genießt es, endlich wieder einmal ein Zimmer ganz für sich allein zu haben – nach so vielen Monaten im Sechsbettzimmer. Einen Augenblick noch unterhalte ich mich mit der Krankenschwester – sie fragt mich besorgt: »Wie willst du das aushalten, in dieser kleinen Wohnung mit Walter und ständig wenigstens einem Pfleger oder einer Schwester? Macht dir das nicht

Angst?« – »Nein«, antworte ich, »das ist doch gerade das einzige, was Walter noch braucht – in einem Zimmer allein sein zu können und doch immer Freunde in der Nähe, in Rufnähe. Mehr kann ich doch kaum für ihn tun, als dazusein, wenn er mich braucht und dafür zu sorgen, daß nichts mehr geschieht, was seinen Wünschen nicht entspricht.« Nun zieht auch die Schwester sich zurück, nimmt ein Buch zur Hand und ist da und doch nicht da; es braucht nicht unbedingt Mauern, um allein zu sein, geht es mir durch den Sinn.

Freitag, 29. August
Der erste Tag nimmt seinen Lauf: 5.00 Uhr Drehen, Wechsel von Seiten- zur Rückenlage, 7.00 Uhr Blasentraining, Wechsel von Rücken- zur Seitenlage, 9.00 Uhr Waschen, Mundpflege, Medikation nach Plan, 10.30 Uhr Blasentraining, 13.00 Uhr Urinar wechseln, Blasentraining, Drehen, Atemtherapie mit Hilfe des Triggergerätes, 14.00 Uhr Medikation, 15.00 Uhr Drehen, 16.00 Uhr Blasentraining, 16.30 Uhr passives Durchbewegen der Arme und Beine, Atemtherapie, 19.00 Uhr Blasentraining, 20.00 Uhr Drehen zur Seite, 21.30 Uhr Drehen auf den Rücken.
Es gelingt, alles so zu tun, wie es auch in der Spezialklinik geschah, und doch ist es für Walter völlig anders: Anders ist, daß das Tagesprogramm mit ihm nicht nur besprochen wird, sondern nach seinen Wünschen eingeteilt werden kann. Kein Dienstplan, kein Schichtwechsel ist zu berücksichtigen. Walter beschließt, die anstrengende, schmerzhafte Abführprozedur um einen Tag zu verschieben – es wird akzeptiert, selbstverständlich. Anders ist auch, daß alles ohne Eile geschieht, vor allem aber, daß niemand, weder Mitpatienten noch andere Pfleger bei der Körperpflege zuschauen … er erinnert sich: »Morgens lagen wir alle nackt auf dem Bett und wurden gewaschen. Damit das Kondom-Urinal angebracht werden kann, muß manuell eine Erektion stimuliert werden – und dann laufen da mehrere Pfleger und Schwestern herum … Ich hab' gedacht, ich werde wahnsinnig – daran hab' ich mich nie gewöhnt.«
Am Nachmittag erfolgt ein ausführliches Gespräch mit dem Hausarzt. Die Teammitglieder sind besorgt – was soll im Notfall geschehen, wer trägt die Verantwortung, wenn es zum Beispiel im

Zusammenhang mit einer Valiuminjektion aufgrund von Schmerzen zu einer Beeinträchtigung des Atemzentrums kommt? Mein Hausarzt beruhigt und erklärt, daß er allein die Verantwortung trage für alle Maßnahmen, die er anordnet – genau wie im Krankenhaus auch seien die Krankenschwestern lediglich für die korrekte Ausführung dieser ärztlichen Anweisungen verantwortlich. Für den Notfall diktiert mein Hausarzt den folgenden Brief:

An den
Notdienst-Arzt

Betr.: Herrn Walter G., geb. 18.5.1961

Sehr geehrter Herr Kollege,

es handelt sich um eine Tetraplegie bei einem Ependymom. Der Patient hat notariell verfügt, daß aktive lebensverlängernde Maßnahmen zu unterbleiben haben.

Mit dem Patienten und mit den verfügungsberechtigten Personen, insbesondere Herrn Kürten, ist abgesprochen, daß angesichts der infausten Prognose Atemnot, Schmerz und Todesangst zu verhindern sind, auch wenn diese Maßnahmen eine potentielle Gefährdung insbesondere des Atemzentrums bedeuten. Nach bisherigen Erfahrungen der Klinik ist das Mittel der 1. Wahl Valium i.m. oder i.v. in steigender Dosierung.

Erneut wird Walter vom Hausarzt gründlich untersucht, nach seinen Wünschen gefragt und nochmals besprochen, was zu tun und was zu unterlassen sei. Walter bleibt bei seinem Entschluß, keine Nahrung mehr zu sich zu nehmen und nur noch klares Wasser zu trinken; auch keine Fruchtsäfte mehr, um jegliche Kalorienaufnahme zu vermeiden. Beeindruckt von der Klarheit und Festigkeit seiner Aussagen akzeptiert es mein Hausarzt und verabschiedet sich. Täglich wird er dieses Gespräch nun wiederholen, um ganz sicher zu sein, daß Walter tatsächlich mit allem abgeschlossen hat und damit alle Mitglieder des Pflegeteams Gewißheit darüber haben, daß das Richtige geschieht – vor allem aber auch, daß das Richtige unterbleibt.

Samstag, 30. August
Alles verläuft so, wie wir es gemeinsam besprechen und wünschen. Nur einmal wird es schwierig an diesem Tag: Es gelingt dem Hausarzt nicht, einen Venenzugang zu legen – für alle Fälle, damit ggf. sehr schnell Medikamente intravenös verabreicht werden können. Lähmungsbedingt sind Muskulatur und Gewebe so stark verkümmert, daß die Armvene kaum noch auffindbar ist; Walter wiegt nur noch ca. 34 kg. Erst einem herbeigerufenen Chirurgen der nahegelegenen Klinik gelingt es schließlich.

Sonntag, 31. August
Nicht nur in der Stadt ist es ruhig, auch bei uns legt sich die Aufregung der ersten Tage. Walter, nun auch innerlich angekommen, genießt sein kleines Reich in vollen Zügen. Mühelos gelingt es uns, seine bescheidenen Wünsche zu erfüllen – interessiert verfolgt er ein Bundesligaspiel im Fernsehen, freut sich über Lieder von Ludwig Hirsch und macht mit verschmitztem Lächeln Gebrauch von seinem Recht, uns »rauszuschmeißen«, allein, endlich auch wieder einmal allein sein zu dürfen, wenn er es will. Bevor wir sein Zimmer verlassen, müssen wir noch die Fensterklappe schließen, denn »es zieht«, meint er mit Nachdruck, obwohl keiner von uns auch nur den geringsten Lufthauch spürt. Natürlich tun wir es, denn es gibt ja keine Mitpatienten, die anderer Meinung wären …

Abends besucht uns ein Freund mit Gitarre. Wir machen Musik, für Walter wird es ein Wunschkonzert – er singt mit und erzählt aus alten Zeiten. »Wenn ich mal einen Abend in meiner Stammkneipe fehlte, haben sie gleich besorgt angerufen ...« Alte Wünsche werden wieder wach; Cola-Baccardi wird besorgt, sein Lieblingsgetränk. Walter trinkt aus dem Pillenbecher, kaum größer als ein Fingerhut, und läßt sich eine Zigarette nach der anderen schmekken. Seine Lunge faßt nicht einmal mehr einen halben Liter, das reicht kaum zum Auspusten einer Kerze – dennoch rauchen? Natürlich – es gibt doch keine gesundheitlichen Gründe mehr dafür, ihm diese Freude zu verweigern, auch dann nicht, wenn anschließend manuell beim Abhusten geholfen werden muß. Stundenlang erzählt Walter humorvoll, ausgelassen, von den Jahren vor seiner Operation – schließlich meint er: »Und ihr, was ist mit euch? Man hört ja gar nichts ...!« Bevor wir antworten können, ist er eingeschlafen.

Montag, 1. September
Die Woche nimmt ihren Lauf. Täglich wird das Pflege-/Therapieprogramm neu besprochen, nicht jedoch festgelegt. Es gibt keine Routine, keine Verordnungen, keine Anordnungen mehr, die befolgt werden müßten; nur noch die Aufgabe, das gemeinsame Ziel, diese Zeit für Walter so zu gestalten, wie wir es uns auch wünschen würden – an seiner Stelle. Walter macht es uns leicht – waren es doch fast nur Kleinigkeiten, die ihm die Zeit in der Klinik so schwer hatten werden lassen: Natürlich kämmen wir ihn so, wie er es gern hat. Selbstverständlich duschen wir nur seinen Körper und nicht auch sein Gesicht. Und natürlich unterlassen wir den Wechsel von Seiten- und Rückenlage, wenn er es wünscht, um einen Traumfaden nicht zu verlieren.
Jeden Tag mehr legt sich meine Angst, dieser Aufgabe vielleicht doch nicht gewachsen zu sein; entscheidend dafür ist die Atmosphäre im Pflegeteam. Jedes Mitglied weiß, worum es geht und ist mit ganzem Herzen dabei. Es braucht keinerlei Anweisungen oder gar Kontrolle. Jeder achtet nicht nur auf Walter, sondern auch darauf, daß die übrigen Mitglieder immer wissen, was geschehen ist und was noch zu tun bleibt. Täglich auch kommt der Hausarzt,

bespricht mit Walter die Medikation und vergewissert sich, ob Walter seinen Entschluß aufrechterhält, keine Nahrung mehr zu sich zu nehmen. Ernst, aber doch immer wieder beruhigt, verläßt er uns – nicht ohne das Team zu loben für die aufmerksame, sorgfältige und sachkundige Pflege.

Tagsüber schläft Walter viel. Erst wenn es dunkel wird, sucht er das Gespräch. Trost sucht er nicht. Vor allem zwei Fragen beschäftigen ihn: »Wie könnt ihr mir helfen, wenn meine Schmerzen zu groß werden? Was werdet ihr tun, wenn mir der Atem knapp wird?« Wir können und dürfen beruhigen, denn alle Medikamente und Instrumente liegen für ihn sichtbar bereit – tief schlafen wird er, wenn es soweit ist. »Was wird dann kommen?« fragt er immer wieder. An jedem Abend entdecken wir gemeinsam neue Antworten …

Freitag, 5. September
Die Atemsituation hat sich deutlich verschlechtert – Wasseransammlung in der Lunge und in den Beinen. Walters Körper reagiert auf den Nahrungsentzug. Druckschmerzen stellen sich in den Augen ein, er klagt über zunehmenden Kopfschmerz – noch reicht eine geringe Dosierung der Schmerztropfen. Es ist ein besonderer Tag für Walter. Morgen erwartet er den Besuch seiner Mutter und Geschwister. Der Friseur muß kommen. Angezogen werden muß auch ein T-Shirt, obwohl es einen diffusen Druckschmerz auslöst. Walter trägt es zwei Stunden, um sich daran zu gewöhnen – seine Angehörigen sollen morgen nicht sehen, wie dünn er nur noch ist … Abends beantwortet Walter die Frage seiner Mutter am Telefon, was sie denn mitbringen solle: »Einen Brathering, ich würde so gern noch einmal einen Brathering schmecken!«

Samstag, 6. September
Der Besuch ist fort. Nicht nur einen Brathering, sondern gleich kistenweise Nährbier hat er hinterlassen. Natürlich hatte Walter versprechen müssen … Spät abends probiert Walter den Fisch – entgegen allen Warnungen. Magenkrämpfe und Atemnot stellen sich ein. Eine Sauerstoffdusche und Medikamente helfen. Zuviel

war zusammengekommen. Natürlich, der Fisch war schließlich der Auslöser, aber die Freude über das Wiedersehen – vor allem aber die Aufregung über seinen »heimlichen Abschied«, denn Walter hatte schon vorher beschlossen: »Nach diesem Besuch will ich's zu Ende bringen!«

Jetzt setzt er alle Medikamente ab, denn nur so noch kann er das Ende schneller herbeiführen. Komplikationen provozieren und nicht behandeln lassen ... auch das gehört zu seiner Freiheit. Hier, bei mir zu Hause, entscheidet Walter, was noch geschieht und was nicht mehr. Kein Stationsarzt, gebunden an die Weisungen seiner Klinikleitung, gerät in Konflikte mit seinem Vorgesetzten oder Gewissen. Hier, zu Hause, gibt es keine Weisungen, und der Hausarzt hatte doch zugesagt, lebensverlängernde Maßnahmen zu unterlassen. Dazu gehört auch z. B., eine Infektion nicht mehr zu behandeln.

Bis in den frühen Morgen hinein zieht Walter Bilanz, schaut zurück und dann nach vorn: »Es ist gut, richtig so!« stellt er fest. »Niemand darf mich doch dazu verurteilen, dieses Leben noch länger zu ertragen!« In dieser Nacht fragt mich Walter: »Was würdest du antworten, wenn ich dich darum bitte, mir eine Spritze zu geben, damit ich nicht wieder aufwache?«

Lange schon habe ich diese Frage erwartet, sie befürchtet. Jetzt höre ich mich antworten: »Nein, Walter, das will ich nicht! Dein Leben beenden? Nein, Walter, das könnte ich nicht – damit könnte ich nicht weiterleben! Ja, natürlich verstehe ich deinen Wunsch, aber gleichzeitig wünsche ich mir doch auch, daß du hier bleibst, auch wenn ich weiß, daß das nicht möglich ist. Nein, Walter, auf diese Weise kann ich dir nicht helfen. Es ist mir völlig unmöglich, dein Leben auch nur um einen einzigen Tag zu verkürzen. Helfen kann ich dir nur so, wie wir es hier tun. Bitte, hilf du uns! Bitte gib du uns die Gewißheit, daß wir das Richtige tun und lassen – nur so können wir später, wenn du nicht mehr bist, mit dieser Zeit zurechtkommen. Es ist dein freier Entschluß, nichts mehr zu essen und alle Medikamente abzusetzen, – du kannst ihn täglich revidieren, und das ist wichtig – für dich, aber auch für mich, für uns alle. Jeder Tag, an dem du bei deinem Entschluß bleibst, gibt uns immer wieder die Gewißheit, daß du deinen Weg so gehst, wie du es für richtig hältst.«

Montag, 8. September

Der Hausarzt kommt wie gewohnt, und doch ist plötzlich alles anders. Er sieht es uns wohl an, daß etwas geschehen ist. Lange dauert sein Gespräch mit Walter an diesem Morgen. Lange deswegen, weil er jedes Medikament ausführlich erklärt und versucht, Walter dazu zu bewegen, auch weiterhin jede Komplikation zu vermeiden. Noch wehrt er sich gegen die Einsicht, daß es in Walters aktueller Lebenssituation kein Risiko mehr gibt, gar keines mehr. Im Gegenteil – jetzt ist jede Komplikation erwünscht, die diesem Leben ein natürliches Ende setzt, da es nicht mehr auch nur die geringste Hoffnung auf Besserung gibt. Sichtlich betroffen packt mein Hausarzt auch die Sonde für künstliche Ernährung wieder ein, die er vorsorglich mitgebracht hatte. Walter lehnt alles konsequent ab, auch das Absaugen des Wassers aus seiner Lunge. »Wenn mir das Abhusten nicht mehr gelingt, dann soll es genug sein!« erklärt Walter und bittet eindringlich darum, ihn gewähren zu lassen.

Draußen, vor Walters Tür, hält mein Hausarzt noch einmal inne und dreht sich zu uns um: »Aber wir sollten doch jedes Risiko vermeiden!« wiederholt er. Schmerzlich wird auch ihm bewußt, daß jetzt die Grenze erreicht ist, an der sich jede weitere Hilfe in ihr Gegenteil verkehrt und für Walter die Verlängerung seines Leids bedeutet. Auch ihn zerreißt nun fast der Konflikt, helfen, heilen zu wollen, aber lassen, verständnisvoll unterlassen zu müssen. Wie hatte Walter ihn dieses Mal doch verabschiedet? »Nun laßt mich doch endlich sterben! Ich habe wirklich mit allem abgeschlossen.«

Von Tag zu Tag geht es Walter nun schlechter. Die Schmerzen nehmen zu. Nur gelegentlich verlangt er noch nach einer Zigarette, denn auch die Atemsituation wird immer ernster. Immer häufiger verlangt Walter nach der Sauerstoffdusche und bittet um stärkere Schmerzmedikamente.

Montag, 15. September

Zwei Stunden hatte es am Vorabend gedauert, bis Walter, von zwei Pflegern manuell unterstützt, noch einmal seine Lunge hatte freihusten können. Jetzt, am Montagmorgen, wurde sein Atem schon wieder bedrohlich knapp. Dennoch wünscht er sich noch eine Zigarette, bevor der Hausarzt kommt. Ganz ruhig sagt Walter schließlich zu mir: »Ich glaube, jetzt ist's soweit! Noch einmal schaff' ich's nicht!«

Fast eine Stunde lang bemühen sich Hausarzt und Krankenschwester gemeinsam darum, Walter beim Abhusten zu unterstützen – vergeblich. Walter bekommt sein Schlafmedikament. Ein letztes Mal hören wir von Ludwig Hirsch:

»Komm, großer schwarzer Vogel, hilf mir doch.
Preß deinen feuchten, kalten Schnabel
auf meine wunde, auf meine heiße Stirn!
Und dann fliegen wir rauf
mitten in Himmel rein
in a neue Zeit, in a neue Welt
Nicht traurig sein, na, na, na
Ist kein Grund zum Traurigsein
Ich werd' singen, ich werd' lachen
Ich werd' »Das gibt's net« schrein
Ich werd' endlich kapieren
Ich werd' glücklich sein.

16.05 Uhr, Walter atmet nicht mehr.

(Weitere Veröffentlichungen über das Schicksal von Walter Gerner: DIE ZEIT vom 29. September 1986; *Der Stern* vom 28. August 1987)

Helga Obermann

Die Hilfe der Gemeindeschwester

Von der Bedeutung der ambulanten Krankenpflege

In der Begleitung Kranker und Sterbender in der Gemeinde steht das Angebot der Hilfen durch die Gemeindeschwester in einer langen Tradition. Ältere Menschen erinnern sich noch an das vertraute Bild der »guten alten Gemeindeschwester« in ihrer Kirchengemeinde. Sie half in der Gemeinde und für die Gemeinde, wann immer und wo immer Not war. Man sah sie, erkennbar an der Schwesterntracht, im Gottesdienst, bei Beerdigungen, bei der Mütterberatung, in den verschiedenen Gruppen der Gemeindearbeit, dem Alten- und Frauenkreis, und erkannte sie, wenn sie mit dem Fahrrad oder Motorrad durch die Gemeinde und über Land fuhr. Sie wurde gerufen, wenn jemand krank war oder im Sterben lag. War ein Angehöriger über lange Zeit schwerstpflegebedürftig, waren täglich mehrmals pflegerische Hilfeleistungen nötig, so zählte die Schwester oft beinahe mit zur Familie. Sie wurde dann wie eine große »Schwester« erlebt, der man sich anvertraute, wenn Konflikte und Probleme nicht allein bewältigt werden konnten. Man schätzte ihren fachlichen Rat, ihre Fürsorge, ihren Trost, die stete Hilfsbereitschaft und Verschwiegenheit. Als Diakonisse oder Ordensfrau war sie von ihrem Mutterhaus bzw. ihrer Schwesternschaft für diesen Dienst als Krankenschwester ausgebildet, fachlich und geistlich zugerüstet. Sie war unverheiratet und oft mit einer kleinen Dienstwohnung im Gemeindehaus und einem geringen Entgelt zufrieden und genügsam. Sie verstand ihren Dienst aus ihrem christlichen Selbstverständnis heraus.

Aufgrund des großen Nachwuchsmangels mußten in den 50er und 60er Jahren viele Mutterhäuser die Gestellungsverträge mit den Kirchengemeinden aufkündigen. Die Stellen blieben oft lange vakant, da freiberufliche Schwestern nicht unter diesen Arbeitsbe-

dingungen zu finden waren. Um dem hohen und steigenden Pfle-
gebedarf in den Gemeinden und dem Mangel an Pflegefachkräften
zu begegnen, waren neue Strukturen zur Sicherung dieses Dienstes dringend erforderlich. Seit den 70er Jahren wurden bundes-
weit Sozialstationen gegründet, die entsprechend der kirchlichen
Trägerschaft auch Diakonie- oder Caritasstationen genannt werden.

Da der Staat der Wohlfahrt seiner Bürger nach dem Grundgesetz
verpflichtet ist und weil aufgrund des Subsidiaritätsprinzips alle
gesellschaftlichen Kräfte daran mitwirken sollen, waren der Bund,
die Länder, Kommunen, Kirchen und Wohlfahrtsverbände gemeinsam an der Neukonzeption ambulanter pflegerischer Dienste
beteiligt. Durch Bündelung vorhandener Einrichtungen und erforderlicher Erweiterungen werden der Bevölkerung eines bestimmten Versorgungsgebietes Hilfen zur Krankenpflege, Alten-
pflege und Familienpflege angeboten. Die Dienste sind über eine
zentrale Anlauf- und Vermittlungsstelle zu erreichen. Mit der Institution Sozialstation ist es gelungen, wieder qualifizierte Mitarbeiter aus den Berufen Krankenschwester/-pfleger, Kinderkran-
kenschwester, AltenpflegerIn und FamilienpflegerIn zu gewinnen, die in ihrem pflegerischen Bemühen unterstützt werden
durch berufliche und unständigbeschäftigte Haus- und Familien-
pflegehelferInnen, Zivildienstleistende und Verwaltungskräfte.
Um für die Zukunft junge Menschen für den Pflegedienst in der
Gemeinde zu gewinnen und um Verständnis und Kooperation bei
Mitarbeitern in stationären Pflegebereichen zu erreichen, erhalten
Kranken- und AltenpflegeschülerInnen während ihrer Ausbildung Einblick in die Arbeitsbedingungen und Tätigkeitsbereiche
der Sozialstation.
Sozialstationen könnten als Nachfolgeeinrichtung der früheren
Gemeindeschwesternstationen nicht existieren und wirtschaftlich
arbeiten, wenn sie nicht durch ehrenamtliche Helfer und Besuchs-
dienstgruppen unterstützt und ergänzt werden. Zur Gewinnung
dieser Helfer werden Pflegeseminare in den Gemeinden von den
Sozialstationen angeboten, in denen Grundkenntnisse für den
Dienst am Kranken erworben werden können. Die Kranken-

schwester* in der Gemeinde arbeitet also heute nicht mehr in der isolierten Einzelkämpferposition, sondern innerhalb eines Pflegeteams. Dadurch ist eine geregelte Dienst- und Freizeitplanung möglich, die den tariflichen Bedingungen des öffentlichen Dienstes entsprechen. Für die Arbeit stehen ihr Pflegehilfsmittel zur Verfügung, und in flächenmäßig ausgedehnten Gebieten sind Dienstfahrzeuge heute keine Seltenheit mehr.

Die inhaltlichen Aufgaben der Gemeindekrankenschwester

Krankenpflege ist im Krankenhaus im Zuge der medizinisch-technischen Entwicklung mehr und mehr zu einem Arztassistenzberuf geworden, bei dem die gewissenhafte und sorgfältige Durchführung von ärztlich verordneten Einzelmaßnahmen zur Diagnose und Therapie im Vordergrund steht und die Eigenständigkeit der Pflege weichen muß. Die Krankenschwester ist dabei dem Arzt untergeordnet, er ist der Weisungsberechtigte. Krankenschwestern definieren hingegen Krankenpflege als »Hilfeleistung für den einzelnen, ob gesund oder krank, in der Durchführung jener Handreichungen, die zur Gesundheit, Genesung oder einem friedlichen Tod beitragen, die der Kranke oder Gesunde selbst durchführen würde, wenn er über die nötige Kraft, den Willen und das Wissen verfügte« (Virginia Henderson, Grundregeln der Krankenpflege, 1963). Entsprechend der allgemeinen Erwartung pflegebedürftiger Menschen und pflegender Angehöriger in der Gemeinde muß Krankenpflege hier also den Bedürfnissen und den daraus resultierenden Problemen und Ressourcen begegnen und neben der Durchführung ärztlich verordneter behandlungspflegerischer Maßnahmen ganzheitliche Pflege gewährleisten.
Gemeindekrankenpflege bezieht sich auf die Individualität und Ganzheit des Menschen. Nicht nur körperliche Befindlichkeit, Be-

* gemeint ist immer auch der Krankenpfleger

einträchtigungen, und daraus resultierende Erfordernisse werden beachtet, sondern zugleich wird den Bedürfnissen nach Sicherheit, nach Zugehörigkeit und Gemeinschaft, nach Anerkennung und Wertschätzung, nach Entfaltung und Selbstbestimmung und Sinnfindung entsprochen. Fähigkeiten und Möglichkeiten des Kranken und seiner Bezugspersonen werden zur Problemlösung genutzt, gefördert und aufeinander abgestimmt. Gemeindekrankenpflege steht unter dem Leitgedanken »Hilfe zur Selbsthilfe«, gewährleistet so viel Hilfe wie nötig und so wenig pflegerische Abhängigkeit wie möglich. Pflegerische Maßnahmen dienen dem Ziel, körperliches, seelisches, geistiges und soziales Wohlbefinden zu fördern, zu erhalten und wiederherzustellen. Folgeerkrankungen sollen verhindert werden, Anpassung und Neuorientierung wird gefördert.

Sterbenden und Schwerstkranken gilt verstärkter Schutz, besondere Aufmerksamkeit und Zuwendung. Viele pflegerische Teilmaßnahmen sind nötig, um das Wohlbefinden und Wohlergehen zu ermöglichen, um den körperlichen Beeinträchtigungen zu begegnen. Seelisch-geistiges Erleben wird im helfenden Gespräch durch aktives Zuhören aufgearbeitet, so daß Möglichkeiten gegeben sind, sowohl für den Sterbenden, als auch für die Begleitenden, zu innerer Harmonie und Ruhe zu kommen. Die vom gegenseitigen Vertrauen geprägte Beziehung ist therapeutisch. Sie wird erreicht durch Hinwendung, einfühlendes, nicht wertendes Verstehen, durch Echtheit und durch Akzeptanz der jeweiligen Befindlichkeit. Gute Informationsvermittlung und Geduld dienen dem Abbau von Angst und Unsicherheit, ermöglichen Entspannung und Entkrampfung. An der Art, wie pflegerische Maßnahmen durchgeführt werden, wie z. B. die Haut gepflegt wird, wird integrativ erlebt, gefühlt, daß da ein Mensch sich in die Not des anderen einfühlt, ihm Schutz und Hilfe gewährt, ihn achtet. Pflege braucht Zeit und vollen menschlichen Einsatz, Kenntnisse, Fähigkeiten und geübte Fertigkeiten. Der Krankheits- und Pflegeverlauf kann verschiedene Phasen aufweisen, in denen Stimmungsschwankungen und Verhaltensveränderungen eine ständige Anpassungsfähigkeit der Begleit- und Pflegepersonen erfordern. Das ist der Grund, weshalb das Aufarbeiten des eigenen Erlebens immer wieder notwendig ist. Gesprächskreise für pflegende Angehörige und innerhalb des Pflegeteams dienen dazu. Die enge und gute Kooperation mit dem behandelnden Arzt ist unverzichtbar. Manchmal ist das Motivieren des Kranken zur Akzeptanz erforderlicher Behandlungs- und Pflegemaßnahmen schwierig. Grundsätzlich geschieht in der Pflege Sterbender nichts gegen deren Willen. Die Schwester nimmt oft eine Mittlerrolle ein zu stationären und ambulanten Einrichtungen. Sie stellt Verbindungen her z. B. zu Kostenträgern, Seelsorgern, Besuchsdiensten, zu Therapeuten, Sozialarbeitern und Beratungsstellen. – Grenzen ambulanter Pflege sind gegeben, wenn der Grad pflegerischer Abhängigkeit sehr hoch ist und das Einbeziehen von Angehörigen und Helfern nicht im erforderlichen Ausmaß möglich ist. Die Verlegung in ein Pflegeheim kann dann die bessere Lösung sein. Hierzu die erforderliche Einsicht beim Pflegebedürftigen zu wecken, ist oft schwer. Es erfordert informelle und angstabbauende Gespräche.

Die Pflege und Begleitung eines Sterbenden

In der onkologischen Pflegeabteilung eines Krankenhauses äußert der 43jährige Herr Walter B. mit Nachdruck die Bitte: »Laßt mich nach Hause!« Seine Ehefrau ist erschrocken. Sie sieht sich außerstande angesichts seiner schweren Erkrankung, diesem Wunsch zu entsprechen. In Erinnerung sind ihr die letzten Monate, in denen die Krankheit des Mannes sich anbahnte und verschlechterte. Körperliche Beschwerden und Schmerzen bedingten viele Arztbesuche. Untersuchungen, Therapieversuche, das Wechseln von Hoffnung und Resignation, Arbeitsaufnahme und Krankmeldungen kennzeichneten diese Zeit, mit der ständigen Angst vor dem Verlust des Arbeitsplatzes und den materiellen Folgen. Dies belastete beide Eheleute sehr. Doch da konnte der Kranke sich noch selbst helfen, sich selbst bewegen, mit Mühsal zwar oft, aber immerhin aufstehen, sich selbst waschen, kleiden usw. Dennoch war diese Zeit anstrengend und kräftezehrend auch für Frau B. Es war mit das Schwierigste für sie, die Unzufriedenheit, das Nörgeln und

Stöhnen aufzufangen und eigene Unmutsgefühle zu unterdrük-
ken. Durch seine nächtliche Unruhe fand sie für sich selbst nicht
den erforderlichen Schlaf, den sie dringend benötigte, um den Bedürfnissen der beiden schulpflichtigen Kinder gerecht werden zu
können, den Haushalt zu versorgen und die Mehrbelastung zu verkraften. Es fehlte ihr seit langem das gewohnte Miteinander im
Freundeskreis und im Sportverein. Sie erlebt sich selbst isoliert,
glaubt, daß die Freunde sich von ihr abgewandt haben und leidet
darunter sehr.
Jetzt bestimmt große Angst ihr Leben. Bei der vorhergegangenen
Operation des Mannes zeigte sich die Ursache aller Beschwerden
des Mannes. »Wir haben die Geschwulst so weit wie möglich entfernt und alles getan, was wir konnten«, hatte der Chefarzt zu ihr
gesagt. Bei den täglichen Besuchen im Krankenhaus sieht Frau B.
die kontinuierliche Verschlechterung des körperlichen Zustandes
des Mannes. Er nimmt ihre Gegenwart zwar wahr, kann sich aber
kaum äußern, schläft viel. Die Schwestern bitten sie, während der
pflegerischen Betreuung des Mannes auf dem Flur zu warten. Frau
B. hat keine Ahnung, welche Pflegemaßnahmen durchgeführt
werden müssen und wie dies geschehen muß. – Sie ahnt, daß die
Krankheit zum Tode führen wird. Sie fürchtet sich. Wie wird die
Zeit danach, das Alleinsein mit der Verantwortung für die beiden
Kinder? – Frau B. befindet sich selbst in einer schweren Krise, sie
erlebt sich ausgelaugt, erschöpft und hilflos. Sie würde ihrem
Mann gern den Wunsch erfüllen und ihm helfen, wenn jemand ihr
zeigte, wie die Hilfe so durchzuführen ist, daß ihrem Mann geholfen sei und sie selbst nicht noch mehr entkräftet wird. Sie erfährt
von der Stationsschwester von der Hilfe durch die Diakoniestation
und ruft dort an. Die zuständige Gemeindekrankenschwester besucht Frau B. am folgenden Tag. In einem längeren Beratungsge-
spräch erfährt die Schwester vieles vom zuvor beschriebenen Lei-
densweg der Familie und der erlebten Unsicherheit und Angst.
Frau B. erzählt von ihrer Hemmschwelle, um Fremdhilfe zu bitten, da sie sich schäme, die eigenen Grenzen einzugestehen. Eine
echte Ressource ist für die Schwester die immer wieder herausge-
hörte Liebe und Anteilnahme am Leiden des sterbenskranken
Ehemannes. Im Verlauf des Gesprächs erkennt Frau B. für sich,
daß sie den Sterbenskranken pflegen möchte, um ihm ihre Liebe

zu zeigen. So, wie die Gemeindekrankenschwester die Situation einschätzt, wird dazu auch eine Entlastung für Frau B. im hauswirtschaftlichen Bereich erforderlich sein. Eine Bekannte in der Nachbarschaft hatte ihre Hilfe schon einmal angeboten. Sie erklärt sich bei einem Telefonat auch jetzt dazu bereit.

Der anschließende Besuch der Gemeindeschwester bei Herrn B. im Krankenhaus dient ebenfalls der Vorplanung. Der behandelnde Stationsarzt begrüßt eine Verlegung des Schwerstkranken in die eigene Familie. Eingeleitete Behandlungsmaßnahmen, der regelmäßige Verbandswechsel und die tägliche Injektion seien auch ambulant durchzuführen. Er stellt eine Verordnung für häusliche Krankenpflege »anstelle von Krankenhausbehandlung« aus. Die zuständige Krankenkasse bewilligt deshalb eine Kostenübernahme nicht nur für behandlungspflegerische Maßnahmen, sondern gewährt pauschal 1 Stunde Krankenpflege am Tag für zunächst 2 Wochen. Bevor Herr B. aus dem Krankenhaus verlegt wird, ist ein Krankenbett aus dem Pflegehilfsmitteldepot vom Zivildienstleistenden der Diakoniestation gebracht worden. Es wird im ehelichen Schlafzimmer aufgestellt und hergerichtet. Dem Kranken soll es zur guten, beschwerdefreien Lagerung dienen und gleichzeitig rückenschonendes Arbeiten für die Pflegenden ermöglichen. Beim Hineintragen des Bettzubehörs sind die Kinder zugegen. Sie wirken anfangs etwas reserviert, werden nach der Aufforderung zum Mittragen jedoch munter und freuen sich, daß die Schwester sie einlädt, bei der Pflege des Vaters mitzuhelfen. Sie versprechen erforderliche Rücksichtnahme und Behutsamkeit. Es hat den Anschein, als seien die 9- und 13jährigen Mädchen Andrea und Susanne sich bewußt, daß sie dem Vater so zum Wohlbefinden mit verhelfen können.

Als Herr B. aus dem Krankenwagen ins Haus getragen wird, kann er nur wenig davon wahrnehmen. Er ist schläfrig und hinfällig. Bei der sorgfältigen Lagerung steht die Verhütung des Wundliegens und die beschwerdefreie Atmung im Vordergrund. Schon jetzt erhält Frau B. von der Schwester gezielte Anleitung zu pflegerischen Maßnahmen, die mehrmals am Tag und auch nachts durchgeführt werden müssen, um eine Verschlechterung zu verhindern. Frau B. erkennt die Dringlichkeit ihrer Mithilfe und verliert die Angst vor der Berührung des ausgezehrten Körpers sehr bald. In den ersten

Tagen kommt die Schwester mehrmals am Tag. Durch gezielte Hinführung übernimmt Frau B. nach und nach größere Teilbereiche der grundpflegerischen Maßnahmen. Sie lernt, den verschleimten Mund zu reinigen, eine vormals für sie unvorstellbare Hilfeleistung wird dadurch zur Selbstverständlichkeit, weil sie merkt, daß sie damit sofort Atemerleichterung verschafft und dem Kranken die Unruhe nimmt. Immer wieder gibt sie ihrem Mann Zuwendung bei behutsamem Schweißabwischen, mit den Einreibungen der schmerzhaften Gelenke und durch Einflößen von Säften und Suppen. – Zögernd und zaghaft wenden sich die Kinder dem Vater zu und sind sehr glücklich, wenn er auf ihre Nähe mit einem Lächeln reagiert. Der behandelnde Arzt kommt zweimal wöchentlich. Die allmähliche Reduzierung der stark wirkenden Medikamente und eine neu eingeleitete vorbeugende Schmerztherapie heben die Somnolenz und Mattigkeit des Kranken nach und nach auf. Herr B. äußert sogar von selbst Eß- und Trinkwünsche, wohl angelockt durch Wohlgerüche aus der Küche. Gern und sehr liebevoll reichen Andrea und Susanne ihm die kleinen Mahlzeiten. Mit ihrem Charme und der aufhellenden Frische stärken sie das Wohlbefinden des Vaters. Die gegenseitige Hilfsbereitschaft und Zuwendung in der Familie wächst. Es ist, als würden alle Beteiligten in der gemeinsamen Grenzerfahrung stärker und der schwere Weg müheloser. Herr B. entdeckt die Schönheit des Frühlingshimmels und die blühenden Obstbaumzweige vor seinem Fenster. Manchmal möchte er seine Schallplatten hören, besonders gern »Die Moldau« von Smetana. Er setzt sie in bezug zu seinem Lebenslauf. Er erzählt während der Pflege aus seiner Kindheit, von seinen Jungenjahren, den Streichen, den sportlichen Wettkämpfen und Leistungen, und blüht dabei auf. An manchen Tagen bedenkt er auch ernste Erfahrungen, spricht vom Unfalltod des Vaters und dem Kranksein und Sterben der Mutter wenige Jahre danach.

Einmal sagt er, während die Ehefrau und die Schwester ihm das Bettlaken wechseln, auf der Seite liegend, unvermittelt: »Ich werde nicht mehr lange leben! Bitte, laßt mich zu Hause sterben!« Erschrocken reagiert Frau B., wie aus einem schönen Traum gerissen. Weinend umarmt sie ihren Mann, schüttelt mit dem Kopf, weint und klagt, braucht lange, bis sie ruhiger wird. Die knochigen

Hände des Schwerstkranken streicheln sie, trösten und beruhigen.
– Frau B. gibt das Versprechen, den Wunsch zu akzeptieren. –
Außerhalb des Krankenzimmers zeigt sie noch einmal ihre Verzweiflung und Auflehnung. Sie erzählt der Schwester, daß sie soviel Hoffnung gehabt hätte, daß alles doch wieder gut würde.
Am Tag darauf blättert Herr B. in Prospekten eines Reiseunter-
nehmens, als die Schwester kommt. Er will im nächsten Jahr mit
der ganzen Familie eine Urlaubsreise ans Mittelmeer machen.
Sonne, Wasser und Wärme will er genießen. »Vielleicht schenkt
der liebe Gott mir das noch einmal«, sagt er zur Schwester. – Der
Besuch des Gemeindepastors erfreut ihn sehr. Die beiden sprechen lange miteinander: von der Tochter Andrea, die im nächsten
Jahr konfirmiert werden wird, über die Krankheit und ihre Auswirkungen und über den Arbeitsplatz und die Hektik dort. Er
danke Gott, für alle Erfahrungen, die er im Kranksein habe machen dürfen. – Regelmäßig besuchen ihn auch zwei Arbeitskolle-
gen, manchmal will er dabei im Sessel sitzen und läßt sich von ihnen dorthin tragen. Die Männer sind, wie die Verwandten und die
Nachbarin, immer wieder zutiefst beeindruckt von der einmaligen
Persönlichkeit des Kranken und seiner Art, mit den schweren Beeinträchtigungen umzugehen. Sie fühlen sich bereichert durch die
Begegnungen.
Etwa zwei Monate nach der Krankenhausentlassung verschlechtert sich das Allgemeinbefinden des Kranken zusehends. Der aus-
gemergelte Körper wird schwächer und kraftlos. Blicke und kleine
Gesten, manchmal nur andeutungsweise, ersetzen seine ausgefal-
lene verbale Sprache. Er wird verstanden. Sehr liebevoll wird der
Sterbende von seiner Frau, den beiden Töchtern und durch die
Mithilfe der Nachbarin versorgt und begleitet. Ruhig und ohne
Qual, ohne Kampf stirbt Herr B. in ihrem Beisein. Sein Tod löst
kein Entsetzen, wohl aber große Traurigkeit aus.

Sterben und Loslassen

Das Sterben der Menschen ist so vielfältig wie das Leben. Jedes Sterben und jede Begnung mit Sterbenden ist eine tiefgehende individuelle Erfahrung. Wenn wir mit dem Tod als abschließendes Faktum und integralen Bestandteil unseres Lebens bewußter umgehen, werden wir die Fülle von Erlebnissen in unserem Dasein als Reichtum erkennen und das, was uns widerfährt, in Einklang mit uns selbst bringen. Durch Verdrängung des Todes aus unserem Erlebensbereich schaffen wir uns Ängste, die unser Leben unverarbeitet begleiten und blockieren. Durch sie kann das Ende des Lebens zum Kampf werden, der sich durch qualvolles Sterben äußern kann.

Durch die persönliche und geduldige Begleitung eines sterbenden Menschen wird für den Gehenden, aber auch für den Zurückbleibenden das Loslassen und Auseinandergehen vorbereitet und erleichtert. In Gesprächen und mit vielen Gesten der Begegnung und Berührung kann einander gesagt weden, was gesagt werden will. Unerledigtes kann zu Ende gebracht werden. Dies befreit von Schuldgefühlen und versöhnt.

Persönliche Leidenserfahrung und Mitbetroffenheit in der Familie, im Freundeskreis, in der Nachbarschaft und in der Gemeinde kann, wenn Überforderungen vermieden werden, Begegnung ermöglichen, die dem Sterbenden das letzte Wegstück seines Lebens erleichtern und Pflegenden und Begleitenden zu Sichtweisen und Einstellungen verhelfen, die diese später nie mehr missen möchten. Indem Menschen einem Sterbenden mit ihrer Zuwendung Wohlergehen ermöglichen, Lebenshilfe im Sterben geben, bekommen sie selbst für sich Sterbehilfe im Leben; ihr Leben wir bewußter, tiefer und inhaltsreicher.

Jochen Senft

Sterbenden und Trauernden beistehen

Eine Aufgabe der christlichen Gemeinde

Die Bedeutung von Trauer

Sterbebeistand und Trauerbeistand sind nicht dasselbe. Sterbebeistand bezieht sich auf Sterbende und endet mit deren Tod. Trauerbeistand bezieht sich auf Hinterbliebene. Ihre Trauer setzt mit dem Tode des Angehörigen erst richtig ein und dauert lange. Mit Trauer aber haben beide zu tun. Sterbende trauern auch.

Die Bedeutung von Trauer hat Sigmund Freud als erster erkannt und etwa so beschrieben: Trauer ist die Arbeit der menschlichen Seele, einen erlittenen Verlust zu bewältigen, damit ein Mensch wieder leben, lieben und arbeiten kann. Trauern ist also keine Krankheit, sondern ein Heilungsvorgang. Wer nicht trauert, wird krank, starr oder melancholisch.

Es hat über achtzig Jahre gedauert, bis sich die Bedeutung dieser Erkenntnis durchzusetzen beginnt. Angesichts der durchgängigen Praxis, Trauer zu verdrängen, ist die Bereitschaft zu trauern nicht so groß, wie allgemein angenommen wird. In der Kirche ist es nicht anders als in der übrigen Gesellschaft, obgleich die Kirche ungleich bessere Voraussetzungen für Trauer hat; denn sie kann trösten. Trauern hängt eng mit Liebe zusammen. Liebe knüpft Beziehungen – Trauer löst Beziehungen, damit sich ein Mensch nicht an Totem festhält und selber dem Leben verlorengeht.

Sterbebeistand hilft dem Sterbenden, Abschied zu nehmen und loszulassen.

Das alles vollzog sich früher in der Großfamilie. Seitdem sie an Bedeutung verloren hat und immer mehr schwindet, haben Vereine, Verbände und Kirchengemeinden ihre Aufgaben übernommen. Beispiele sind: Kindergärten, Jugendgruppen, Frauengruppen, Seniorenarbeit. Seitdem Trauern nicht mehr im Schoß der Großfamilie geschieht, entstand ein Vakuum. Wer tritt an ihre Stelle? Die Kirchengemeinde nimmt bereits mehrere Funktionen der Großfamilie wahr. So liegt es nahe, daß auch Sterbe- und Trauerbeistand von der Kirchengemeinde geleistet werden. Dazu müssen Gemeinden sich geistlich auf Trauer einstellen. Das ist in der Gesellschaft neu und in der Kirche auch.

Das Abendland ist in seinem Denken geprägt von der griechischen Philosophie. In ihr gibt es keine Trauer, weil sie sich mit unsterblichen Dingen befaßt (z. B. mit dem Sein und mit der Idee), aber nicht mit vergänglichen Beziehungen.

Das Judentum und Jesus dachten in unmittelbaren menschlichen Beziehungen. Die Psalmen zeigen, wie sehr sie trauern konnten. Der Nächste (als Superlativ von Beziehung) ist für sie ein sehr hoher Wert. Gott ist ein personaler Gott und spricht in der Sprache von Beziehungen. Diese Sprache hat nichts mit der modernen sogenannten »Beziehungskiste« zu tun. Modernes Beziehungsgerede orientiert sich am jeweils Redenden. Das Judentum und Jesus aber orientierten sich an der Liebe Gottes, die treu, beständig und zuverlässig war und bleibt im Gegensatz zu den Beziehungen von Menschen.

Das Denken in Beziehungen trat bei Christen in dem Maße zurück, wie sie sich auf das Denken in abstrakten Prinzipien einließen, das sie von den griechischen Philosophen übernahmen. Der Nächste kommt heute weder im Recht noch in der Sozialarbeit vor, in den wichtigsten theologischen Lexika wird er nicht erklärt. Die von Alexander Mitscherlich angesprochene »Unfähigkeit zu trauern« hängt mit der Unfähigkeit zusammen, in Beziehungen zu denken und zu leben; statt dessen wird in Prinzipien gedacht.

Es kommt im Leben aber darauf an, beides zu tun und das eine vom andern zu unterscheiden. Einige Denker konnten das z. B.: Martin Luther, Blaise Pascal, Martin Buber. Die meisten aber ziehen ein Denken vor, das verallgemeinert, ableitet, Unterschiede verwischt und sich an Prinzipien orientiert. Das läßt sich schulmäßig und kinderleicht lernen. Lieben und Trauern lernen ist dagegen schwer. Darum überläßt man es Müttern und Großeltern.

Eine Gemeinde von Glaubenden und Liebenden kann Sterbenden

und Trauernden beistehen. Idealisten und Weltverbesserer können es nur, wenn sie darüber hinaus noch glauben und lieben. Mit dem anderen Teil ihres Wesens sind sie beschäftigt, am Nächsten vorbei ihren fernen Zielen nachzujagen. Eine Kirchengemeinde wird Sterbe- und Trauerbeistand nur leisten können, wenn sie wieder den Nächsten lieben lernt, wie es im Neuen Testament gelehrt wird. Aus dem allen folgt, daß ein Pastor vom bloßen Studieren her noch nicht qualifiziert ist, Sterbe- und Trauerbeistand zu leisten. Um Seelsorger zu werden, muß er trauern lernen, damit seine Predigt von der Hoffnung nicht als Leerformel erschallt.

Sterbebeistand

Sterbebeistand als heroische Leistung »tüchtiger« Pastoren oder Laien ist unglaubwürdig oder endet im Zusammenbruch der Geistlichen wegen Überforderung. Einzelpersonen sind zu schwach zum Sterbebeistand und geraten bald an ihre Grenzen. Darum ist professioneller Sterbebeistand auch nur begrenzt möglich. Er beschränkt sich mehr auf Beraten, Zuhören und Verstehen und hält sich aus berechtigten Gründen des Selbstschutzes zurück, wenn es um Gefühle geht. Widmet ein Arzt sich ganz einem Sterbenden, kann er sich nicht mehr um die vielen anderen kümmern, die auch noch da sind.
»Ich hätte das nicht tun dürfen«, sagte ein guter Arzt im Krankenhaus zu mir, nachdem er lange, aber vergeblich um das Leben eines Mannes gerungen hatte, der beim Sport einen Herzinfarkt erlitten hatte. Anschließend sprach der Arzt mit der Witwe, die ich schnell in das Krankenhaus gebracht hatte. »Ein Arzt darf sich nicht darauf einlassen«, sagte er. »Ich kann nicht mehr und muß nach Hause; aber eigentlich soll ich noch für die 250 anderen Patienten dasein.«
Ein Pastor kann nicht unmittelbar nacheinander sich intensiv einem Sterbenden widmen und dann von Herzen mit jungen Eltern fröhlich sein, die ihr Kind taufen lassen wollen. Weil Beratern

und professionellen Helfern Grenzen gesetzt sind, ist Sterbebeistand seelsorgerliche Hilfe durch die Gemeinde. Lieben und Trauern lassen sich nicht auf »Profis« delegieren. Ein jeder muß es selber tun, und die Gemeinde steht ihm zur Seite. Sterbebeistand hilft in erster Linie dem Sterbenden. Erst später bemerkt der helfende Angehörige oder Freund, daß sein Beistand ihm selbst in seiner Trauer geholfen hat.

Als ich zum erstenmal zu einem Sterbenden ging, hatte ich Angst. Es war Angst vor dem eigenen Tod. Ich fühlte mich überflüssig und hilflos. Sobald ich mit dem Sterbenden in Kontakt kam, seine Hand nahm und mit ihm sprach, sah ich: er braucht mich, und ich verlor meine Angst. Hinterher war ich froh, daß ich nicht fortgelaufen war. Besuche bei Sterbenden helfen Pastoren beim Trösten der Angehörigen. Liebende Zuwendung überwindet Todesangst.

Sterbende beziehen sich auf tiefe Schichten ihrer Persönlichkeit. Sterbende Soldaten rufen: »Mutter«. Erwachsene, starke Männer gehen beim Sterben den Weg in frühe Kindheit zurück und suchen das Vertrauen, das Mütter ihnen einst gegeben hatten. »Ich will euch trösten, wie einen seine Mutter tröstet«, sagt Gott (Jesaja 66,13). Wer nicht einsam sterben will, braucht einen, der ihn auf dem Weg in die Tiefe begleitet. Der Weg des Sterbenden in die Tiefe ähnelt dem Weg, den Liebende miteinander in die Tiefe gehen. Lieben und Trauern haben vieles gemeinsam.

Liebe nehmen und Liebe geben hält dem Sterben stand, wenn Verstand, Schönheit, Reichtum und Macht nichts mehr nützen. Wer Liebe gibt, hat alles gegeben, wer Liebe nimmt, hat alles bekommen. Am Sterbebett hat mancher erfahren, daß der Schlußvers vom ersten Brief des Apostels Paulus an die Korinther im 13. Kapitel kein »frommer Spruch«, sondern Wahrheit ist: »Nun aber bleiben Glaube, Hoffnung, Liebe, diese drei; aber die Liebe ist die größte unter ihnen.« Sterbebeistand durch die Kirchengemeinde ist Ausdruck von Liebe. Wer nicht liebt oder wer nicht betroffen ist, kann auch nicht trauernd Sterbende begleiten. Es würde ihm nur schaden. Liebe läßt sich nicht machen.

Niemand kann alle Menschen lieben. Darum kann auch nicht die ganze Gemeinde Sterbebeistand leisten, sondern Betroffene und solche, die trauern gelernt haben und wissen, wie es um Sterbende und um ihre Angehörigen steht. Die ganze Gemeinde sollte aber wissen, daß in ihr Sterbebeistand geschieht und sich brüderlich denen zuwenden, die Leid tragen. Es gibt Sterbebeistand durch Betroffene und den mehr distanzierten Sterbebeistand durch professionelle und andere Helfer. Wenn Angehörige ihre Sterbenden lieben, sollten sie nicht fliehen, sondern liebend dabeisein. Es hilft den Sterbenden, und eigene Trauer gelingt besser. Bildlich gesprochen ist Sterbebeistand ein Sakrament, das nicht der Priester, sondern die Gemeinde spendet.

Sterbebeistand ist keine hohe sittliche Tat. Beim Sterbebeistand handelt die Gemeinde im eigenen Interesse. Jeder kann einmal diesen Dienst brauchen. Im Matthäus-Evangelium zitiert Jesus die goldene Regel (Mt 7,12): »Was ihr wollt, daß euch die Leute tun, das tut ihnen auch.« So tun sich in der Gemeinde Betroffene zusammen und bilden ein Netz von Nächsten. Dieses Netz ist stark genug, daß Trauernde in ihrem Schmerz sich dort hineinfallen lassen können.

Trauerbeistand

Trauer muß fließen, muß heraus. Niemand versteht es besser als Menschen, die selbst getrauert haben. Der Trauernde findet hier aufmerksame und teilnahmsvolle Zuhörer. Er fällt keinem lästig, wenn er seine Trauer zeigt. Umgekehrt ist er selbst bereit, anderen zuzuhören. Diese Hilfe zur Selbsthilfe kostet keine Gehälter, leistet aber mehr, als hauptamtliche Berater tun können. Die Gruppe braucht einen ansprechenden Raum für regelmäßige Treffen einmal wöchentlich. Sie braucht einen Berater, der ihr hilft, Trauer fließen zu lassen. Einige Mitglieder brauchen Zurüstung durch Trauerseminare, deren Kosten durch die Gemeinde übernommen werden. Mehr an direkter Hilfe braucht die Gruppe nicht. Sie braucht aber Verständnis seitens der Gemeinde.

Die Gruppen sind von Gemeinde zu Gemeinde verschieden. In unseren Trauerseminaren wird ebenfalls in Gruppen gearbeitet. Alles darf gesagt werden, nichts ist verboten oder unschicklich.

Die Gruppe hört zu und kommentiert nicht. Jeder darf sich alles von der Seele reden. Das ist leichter gesagt als getan; denn es gibt vieles, was in einem steckenbleibt und nicht heraus kann, weil es festgehalten wird. Ich habe Angst, die anderen könnten mich verachten oder ich würde zugrunde gehen, wenn ich es sage.

Ich werde mich erst dann aussprechen oder meine Wut herauslassen, wenn ich mich dem Netz der Gruppe anvertrauen kann in der Gewißheit, daß die Gruppe mich und meine Trauer trägt. Um das zu erfahren, wird zu Beginn der Gruppenarbeit mit einem großen Wollknäuel ein Netz geknüpft. Die Gruppe sitzt im Kreis auf dem Boden. Der erste nennt seinen Namen und sagt z. B.: »Ich bin Hans«. Die Gruppe bestätigt gemeinsam: »Du bist Hans.« Der erste sagt, warum er gekommen ist. Die Gruppe antwortet: »Gemeinsam werden wir es schaffen. Gott segne dich.« Dann gibt der erste das Knäuel weiter an sein Gegenüber. Die Zeremonie wird wiederholt, bis alle sich am Knüpfen des Netzes beteiligt haben und das Knäuel beim ersten wieder angekommen ist. Es ist wichtig zu sagen: »Ich bin Hans.« Wenn einer sagt: »Ich heiße Hans«, heißt das vielleicht: »Ich weiß nicht, wer ich bin.« Die Formeln haben ihren Sinn.

Damit ich mich selbst und den Nächsten verstehe, lerne ich, mich selbst wahrzunehmen. Ich lerne verstehen, was mein Leib mir sagen will, und erfahre viel Neues an mir und am anderen. So werde ich auch feinfühlig, wahrzunehmen, wenn etwas mir Angst macht und ich es nicht herauslassen will. Ich erlebe an mir selbst, wieviel Lebenskraft vergeudet wird, um Totes festzuhalten. Ich erlebe an mir, was mich hindert, den anderen zu verstehen und ihm zum Nächsten zu werden. Wenn ich das vor der Gruppe herausbringe, erfahre ich, daß die Gruppe mich hält. Es kostet viel Kraft. Mancher fühlt sich hinterher erst schlapp und elend, dann aber befreit. Zugleich macht er die Erfahrung, daß er offener geworden ist. Die Leiterin eines Altenheims kam nach solch einem Seminar nach Hause. Ihr Mann sagte zu ihr: »Du siehst so gelöst aus wie nach der Geburt unseres Kindes.« Sie mußte sich nicht mehr zusammenreißen und konnte vor ihren Senioren Gefühle zeigen.

Die Gruppenmitglieder erfahren, daß sie Kraft bekommen, Sterbenden beizustehen. Sie erfahren, daß sie Belastungen durch den Beistand an Sterbenden in die Gruppe einbringen können. Sie lernen im Angesicht des Sterbenden viel über ihr eigenes Leben und werden erkennen, daß Liebe nehmen und Liebe geben das Letzte und Tiefste ist. Wer Liebe gibt, hat alles gegeben, wer Liebe nimmt, hat alles bekommen. Sie lernen auch, keine moralischen Forderungen an sich selbst und an andere zu stellen, weil sie einsehen, daß Moral beim Lieben und beim Trauern nichts zu suchen hat. Sie lernen Loslassen und erfahren in ihrer Einsamkeit die Nähe der Gruppe, so daß sie sich auch trauen, loszulassen. Später sind sie froh über ihr neues Leben. Trauern wird als Heilungsprozeß erlebt, der mich frei macht für mein eigenes, kostbares Leben, das Gott mir geschenkt hat. Trauern macht mich auch frei, den Nächsten so anzunehmen, wie er ist.

Sterbe- und Trauerbeistand durch die Gemeinde

Kirchenvorsteher und Mitarbeiter sollten sich auf einer Klausurtagung intensiv über Trauer- und Sterbebegleitung informieren, damit Sterbebegleitung nicht auf die Gruppe der Betroffenen beschränkt bleibt, sondern von den Verantwortlichen in der Gemeinde mitgetragen wird. Beispiele für Sterbe- und Trauerbeistand durch die Gemeinde gibt es schon viele. Manches kann noch verbessert und intensiviert werden. Vor allem können die einzelnen Elemente bewußter eingesetzt und koordiniert werden.

Die kirchliche Beerdigung geschieht unter Mitwirkung der Gemeinde bei der Trauerfeier. Alle verwenden die Begräbnisliturgie der Gemeinde und singen ihre Choräle.

Im *Gottesdienst* am folgenden Sonntag wird der Verstorbene genannt, und im Gebet werden die Leidtragenden mit eingeschlossen.

Totensonntag und Karfreitag sind traditionell auch besondere Tage der Trauer. Trauernde bringen ihr Leid in diese Gottesdienste. Die

Gemeinde steht ihnen fürbittend zur Seite und nimmt die Trauer an. Wer etwas von Trauer weiß, wird ihnen auch liebend zur Seite stehen. Aus diesem Grund war Karfreitag einmal der höchste Feiertag der Protestanten.

Umgang mit der Heiligen Schrift in Bibelstunde, Predigt, Unterricht, Gottesdienst und Kirchenmusik führt zu vertieftem Wissen um Sterben, Tod und Auferstehung und offenbart die liebende Zuwendung Gottes. Wir lernen, daß Jesus auch getrauert hat. Er schreit am Kreuz: »Mein Gott, mein Gott, warum hast du mich verlassen.« Der sogenannte ungläubige Thomas ist eigentlich ein trauernder Thomas. Wir lesen auch, wie Glaubende sich in Gottes Hände fallen lassen konnten. Das schafft die Voraussetzung für den Trost durch die Gemeinde. Ihr Beistand an Sterbenden ist aber durch Bibelworte allein nicht getan. Die Schrift gibt Kraft und Mut zum Trauern und zum Beistand. Der Beistand selbst ist liebevolle Zuwendung durch die Gemeinde. Ich kann Bibelworte nur im Gefäß der eigenen Liebe transportieren, sonst kommen sie nicht an und bleiben bloße Buchstaben.

Besuchsdienst bei Schwerkranken ist eine organisierte Form solcher Zuwendung. Er hat in den letzten Jahren erfreulich zugenommen. Die Gruppe erfährt durch die Gemeindeschwester, wer krank ist, und bespricht miteinander, wer regelmäßig die einzelnen Kranken besucht. In gemeinsamen Zusammenkünften werden Erfahrungen ausgetauscht. Ohne Rückhalt der Gruppe kann ein Gruppenmitglied ihren Dienst am Krankenbett schwerlich leisten.

Der Konfirmandenunterricht ist zur Zeit der einzige Ort, wo Heranwachsende etwas über den Umgang mit Schwerkranken und Sterbenden erfahren können. Pastoren haben Konfirmanden berichten lassen von deren eigenem Erleben beim Sterben in ihrer Verwandtschaft und haben dann mit der Gruppe gesprochen. Es waren sehr nachdenkliche Stunden.

Kirchenmusik. Große Werke der Kirchenmusik und viele Lieder sind als Beistand bei Tod und Trauer geschrieben worden und werden mit Recht so ausgelegt, auch wenn Musikwissenschaftler nichts darüber schreiben; denn es überschreitet den Rahmen ihrer Wissenschaft. Ein Kirchenmusiker sollte wissen, wie Schütz, Bach oder Brahms mit Trauer umgegangen sind. Die Gemeinden hören gern zu, wenn ich ihnen erzähle, wie Brahms um Robert Schumann getrauert hat, die Bibelworte für sein Requiem mit Bedacht auswählte und dann »ein deutsches Requiem« schrieb zum Trost für sich und für andere. Das war Trauerarbeit, schon lange bevor Sigmund Freud darüber schrieb. Davon steht nichts auf Schallplattenhüllen und in musikwissenschaftlichen Kommentaren, obwohl Brahms am Anfang seines Requiems das Thema klar und deutlich nennt: »Selig sind, die da Leid tragen; denn sie sollen getröstet werden« (Mt 5,4).

Gemeindegesang. Heutzutage wird nur noch wenig gesungen, weil Lieder als Konserve genossen werden. Darum sind die Stimmen ungeübt. Dabei hilft Singen dem Trauernden auf wunderbare Weise. Beim intensiven Singen kommen Gefühle heraus, und Menschen befreien sich von ihnen. Manche Gemeinden könnten Singen mehr pflegen als bisher. Die Bedingungen sind oft ungünstig. Orgeln und Spieltische sind fernab von der Gemeinde auf Emporen angebracht, und der Organist kann deshalb nicht hören, ob und wie die Gemeinde singt.
Wenn der Organist die Gemeinde vor sich hat, oder wenn ein Vorsänger den Gemeindegesang anführt, kommt beim Gemeindegesang mehr heraus, als heute oft zu hören ist.

Volksliedersingen gewinnt zunehmend Freunde. Leider sind Fernsehdarbietungen von Volksmusik oft läppisch, so daß kultivierte Sänger davon abgeschreckt werden. Ich selbst habe erlebt, wie Musiker von großem Format Volkslieder musiziert und gesungen haben. Brahms, Schumann, Schubert, Wolff und Mahler als weltberühmte Komponisten haben viel von Volksliedern gehalten.
Für Trauerarbeit sind Volkslieder wichtig, weil in ihnen viel getrauert wird. In Kirchenliedern geschieht das nicht in dem Maße, weil Schultheologie Trauer vermied, indem sie dort, wo getrauert werden sollte, den Auferstandenen vorschob und ihn als Abwehrmechanismus gegen Betroffensein durch Trauer mißbrauchte.
Das einfache Volk hat seine Lieder als Hilfe bei Trauer um Verlo-

renes geschaffen und verfügte so über ein brauchbares Instrument zur Selbsthilfe. Nicht alles davon gelang, und es gibt rührende Beispiele von Trauer in Volksliedern, die zeigen, wie man es nicht machen sollte. Aber auch daraus kann man lernen.

In Trauerseminaren singen die Teilnehmer gern Volkslieder miteinander und nehmen deutlich wahr, wie Singen ihnen hilft. Allerdings darf nicht ohne Sinn und Verstand drauflos gesungen werden, wie das Jungscharler gern machen mit ihren Nonsens-Liedern. Als Klamauk und Klamotte hat Singen nicht die therapeutische Wirkung wie beim bewußten Umgang mit Text und Melodie. Beim Singen sind die Worte wichtiger als die Melodie, sonst könnte man die Lieder ja mit gespitzten Lippen flöten. Es gibt aber nicht viele, die das wissen und dann auch entsprechend singen. Manchem Chorleiter ist der Sprung vom Klavierhocker zum Dirigentenpult mißlungen, weil er vom Singen zu wenig versteht. Mehr Gesangsausbildung für Leiter von kleinen Kirchenchören und von Gesangvereinen würden helfen. Musikschulen bieten Gesangsunterricht an. Wer mit anderen singt, sollte es auswendig tun – by heart, wie die Engländer sagen; denn ein abgelesenes Lied überzeugt so wenig wie eine abgelesene Liebeserklärung.

Gospelsongs sind geistliche Lieder amerikanischer Schwarzer. In ihnen haben sie Verlust von Heimat, Eltern, Freunden und Freiheit verarbeitet durch die Erfahrung der Zuwendung Gottes zusammen mit der Erfahrung von Zuwendung durch die Gemeinde. Sie sind nicht durch die Schule der abendländischen Philosophie gegangen, sondern gaben sich elementarer Freude und Trauer hin. Das hat diese Lieder auch für Europäer so anziehend gemacht.

Mit einer Gruppe von Gospelsängern halte ich seit mehr als zwanzig Jahren Gospelgottesdienste und erlebe, wie Menschen bewegt werden und Freude finden. Bevor die Gruppe singt, wird das Lied in einer Meditation interpretiert, so daß die Gemeinde den Gospelsong nicht wie einen Schlager aufnimmt. Die Meditation geschieht in der Sprache der Beziehungen, in der Sprache von Ich und Du. Der Gospelgottesdienst beginnt mit dem Eingangslied und endet mit dem Segen. Die Gruppe steht der Gemeinde gegenüber, so daß der Gottesdienst eine Art Dialog zwischen Chor und Gemeinde ist.

Vor fünfzehn Jahren hatte ich einen abgestürzten Starfighterpilo-
ten beerdigt und der alten Mutter zugehört. Sie kam am folgenden
Sonntag zur Kirche. Es war ein Gospelgottesdienst, den ich mit
einer Gruppe von Rekruten der Marine hielt. Wir waren fröhlich,
als wir »Come by here, my Lord« und andere Lieder sangen. Ich
traf die alte Frau einige Tage später auf dem Wochenmarkt und
wollte mich bei ihr entschuldigen. Sie aber wehrte die Entschuldi-
gung ab und sagte: »Herr Pastor, das war genau das Richtige für
mich.«

Amen. In dem Gospelsong »Amen« singt die Gemeinde nur ein
einziges Wort: »Amen« und wiederholt es viele Male. Ein Vorsänger erzählt währenddessen singend die Geschichte von Jesus, wie
er in der Krippe geboren wurde, wie ihn die Ältesten im Tempel
bewunderten, wie er Angst hatte vor seinem Tod im Garten Ge-
thsemane, wie er starb, um uns zu helfen, und wie er doch nicht im
Tode blieb, so daß der Schluß des Liedes im Halleluja endet.
Amen ist *mehr* als eine liturgische Schlußformel. Es ist ein gewalti-
ges *Urwort.* Wenn eine Gemeinde das Amen aus vollem Herzen
singend wiederholt, geschieht in ihr Auflösung von Verkruste-
tem.
Amen faßt zusammen, was in uns vorgeht, wenn wir trauern. Am
Anfang steht Protest: nein, das ist nicht möglich! Dann folgen
Überlegungen, was man vielleicht noch ändern könnte. Wut,
Zorn, Enttäuschung werden sichtbar. Angesichts der Unabänder-
lichkeit des Todes kommt Verzweiflung, die sehr lange dauern
kann. Da ist es gut, wenn jemand seine Hände aufhält, damit sich
einer fallen lassen darf. Der Vorgang wiederholt sich mehrfach,
und erst am Ende kommt das Amen: Ja, so ist es.
Was Amen sonst noch alles ist, weiß wohl kein Sterblicher. Es ist
auch Abschluß von Trauer und sagt: Ich habe die anderen und das
Leben wiedergefunden.
Die Kraft des Amen ist von Musikern besser erkannt worden als
von Theologen. Händel, Bach, Brahms lassen ihre Chöre das
Amen in überströmender Fülle singen, so daß es mit Worten nicht
mehr zu beschreiben ist. Wer künftig im Gottesdienst Amen sagt,
sollte ein wenig an diese Zeilen denken, wenn er es betet, damit es
nicht mehr so formelhaft geschieht.

Der Segen (4. Mose 6,24–26) lautet: »Der Herr segne dich und behüte dich. Der Herr lasse leuchten sein Angesicht über dir und sei dir gnädig. Der Herr erhebe sein Angesicht auf dich und gebe dir Frieden.« Der Segen war dem Gottesvolk auf seiner Wüstenwanderung gegeben worden und ist ältester Bestandteil unserer Liturgie. Er ist auch frühe Glaubenserfahrung unseres eigenen Lebens.

Ich weiß es nicht mehr; denn ich war noch ein ganz kleines Kind, zu dem sich liebende Menschen herabbeugten und es ansahen. Ich erlebte, daß über mir ein Angesicht leuchtete und mich liebhatte. Ich war da und wurde angenommen. Das gab mir Vertrauen in mein Leben. Ohne dieses Leuchten des Angesichts über mir wäre ich wohl kaum gediehen. Später erfuhr ich, daß das Angesicht der Erziehenden nicht nur leuchtet, sondern auch wetterleuchtet, donnert, blitzt und ängstigt. Wer selber Vater, Mutter oder Lehrer ist, weiß, daß Erziehung nur gelingt, wenn die Eltern den Kindern und die Kinder den Eltern vergeben für alles, was sie gedankenlos oder in voller Überzeugung einander angetan haben. Dann ist es gut, wenn ich schon früh im Gottesdienst durch den Segen erfahren habe, daß unabhängig von der Wertung anderer Gottes Angesicht über mir leuchtet und ja zu mir sagt.

Es ist die priesterliche Aufgabe des Seelsorgers, seiner Gemeinde diese Segenserfahrung zu vermitteln durch Predigt der frohen Botschaft, durch das Segnen selbst und durch den Umgang miteinander. Man kann darüber streiten, ob das genügend in der Gemeinde geschieht, aber in der Gemeinschaft derer, die einander in Trauer und Sterben beistehen, sollte der Segen in seiner heilsamen Kraft gespendet und genossen werden. Er bringt Vertrauen in unser Leben. (Den Hinweis auf diese Bedeutung des Segens verdanken wir dem berühmten amerikanischen Sozialpsychologen Erik H. Erikson.)

Der Isenheimer Altar

In Isenheim bei Colmar, dem Geburtsort Albert Schweitzers, hatten die Antoniter ein Spital eingerichtet für Pestkranke und Aussätzige, hoffnungslos Kranke, aus der Gesellschaft ausgestoßen und oft auch von Verwandten verlassen. Solche Spitäler hatten die Antoniter entlang den Pilgerstraßen errichtet, weil sich dort die Krankheiten verbreiteten und weil es ein gutes Werk war, Pilgern in der Fremde beizustehen. In Isenheim lebten etwa 60 Kranke und Helfer. Die Kranken wurden nach den Erkenntnissen jener Zeit gut gepflegt, und die Menschen halfen den Antonitern gern mit ihren Gaben. Der Prior des Klosters suchte sich den besten Maler, den er finden konnte, Matthias Grünewald, damit er einen großen Altar schuf, zu dessen Füßen die Kranken liegen sollten, um Beistand und Trost durch seine Botschaft und Kunst zu finden. Grünewald malte vier Jahre lang mit seinen Gehilfen mitten unter den Sterbenden. Ihn muß ihr Leiden sehr bewegt haben; denn seine Bilder drücken große Betroffenheit aus, so daß moderne Expressionisten diesen Altar als Vorbild nahmen für ihre Kunst.
Grünewald hat sich vor Trauer und Liebe nicht verschlossen, sondern er malte, was er sah. Verzweiflung, Stumpfheit, Freude und Liebe. Er konnte das eine malen, weil er sich dem anderen nicht verschloß. Der tote Christus bei der Grablegung sieht schrecklich aus. Als ich dieses Bild in einem Seminar für Altenpflegerinnen zeigte, sagte eine Frau: »Früher konnte ich das Bild nicht sehen. Dann pflegte ich meinen Vater. Als er starb, sah er aus wie der tote Christus. Seitdem sehe ich das Bild anders.«
Grünewald malte Christus für die Kranken als einen von ihnen. Gott hatte sie nicht vor Leiden bewahrt; aber er ging zu ihnen herab in ihr Elend und litt wie sie, ein Schmerzensmann. Aber Leiden ist nicht das Letzte. Dem Tod ist die Macht genommen im Bild des Auferstehenden. Kein Leid, kein Schmerz rührt ihn an. Gottes Liebe ist größer als Todesschrecken. Grünewald zeigt Maria als glückliche und als trauernde Mutter und Magdalena als liebende und als verzweifelte Frau. Im Weihnachtsbild fiedeln die Engel mit Begeisterung und Hingabe. Das Jesuskind spielt mit dem Rosenkranz und lacht die Mutter an wie einer, der weiß:

»Meine Mutter liebt mich wie keinen sonst auf der Welt.« In dem Altar ist Gottes Liebe Fleisch geworden, wie auch sein Leiden und Trauern, Sterben und Auferstehen leibhaftig ist. Solche Bilder helfen vielen Trauernden, weil sie sich in den Gestalten selbst wiederfinden können.

Sterbende und Trauernde begleiten ist seelsorgerlicher Beistand der Gemeinde. Sie knüpft ein Netz mit Menschen, die einander zu Nächsten werden, so daß Trauernde sich in dieses Netz fallen lassen können, ohne ins Bodenlose zu fallen. Das Netz ist beides, stark und weich. Weil an diesem Netz viele halten, wird es für den einzelnen nicht zu schwer. Er kann dem Sterben standhalten und muß nicht fliehen. Die Gemeinde birgt in sich eine Fülle von Gaben, die in den Beistand mit eingebracht werden können. Beispiele, die hier gebracht wurden, sind nur ein kleiner Ausschnitt aller Möglichkeiten.

Uns tröstet beim Sterben, daß wir glauben: wir fallen in Gottes Hand. Diesen Trost geben wir glaubhaft weiter, indem wir uns in den Kreis stellen, miteinander das Netz von Nächsten bilden und Trauernde darin auffangen.

Peter Godzik

Aufklärung und Ermutigung

Von wichtigen Büchern zum Thema

Bücher lassen uns teilhaben an den Erfahrungen und Überlegungen anderer. Sie ersetzen nicht das eigene Leben. Aber sie können helfen, Zugänge zu finden, Ängste abzubauen, Probleme bewußtzumachen, Sprache zu finden. Sie sind wie ein Geländer, an dem ich mich entlanghangeln kann, wenn ich es brauche. Aus der Fülle der Bücher, die in letzter Zeit zum Thema »Sterbende begleiten« erschienen sind,[1] möchte ich diejenigen vorstellen, die sich besonders eingehend mit dem Problembereich »Zu Hause sterben« beschäftigen.

Zu Hause

Zu Hause sterben beginnt nicht mit dem Sterben, sondern mit dem Zuhause-Sein. Das wiederum ist keine statische Angelegenheit, sondern wandelt und verändert sich in unserem Leben. Wir sind auf dem Weg, Menschen unterwegs. Das wirkt sich auch auf das aus, was wir »Zuhause«, »Heimat« nennen. Heimat ist zunächst etwas, was jeder von uns unverwechselbar hat: einen Ort, eine Gegend, ein Land, in dem er zu einer bestimmten Zeit geboren ist; Eltern, Geschwister womöglich, eine Familie. Heimat kann aber auch verlorengehen durch eigene und fremde Schuld, wie die Geschichte der Kriege und Flüchtlingsströme dieses Jahrhunderts lehrt. Manchmal verlassen Menschen auch freiwillig oder einem Ruf folgend (1. Mose 12) ihr Elternhaus, um neues Land, neues

Leben, neue Möglichkeiten zu entdecken. Nach einem solchen freiwilligen oder unfreiwilligen Verlassen von Heimat können wir Heimat wiederfinden: an anderen Orten, bei neuen Nachbarn und Freunden, in anderen Lebensumständen und Herausforderungen. Und zuletzt: Heimat ist etwas, was wir immer noch vor uns haben. Wie Ernst Bloch sagte: Heimat ist »etwas, das allen in die Kindheit scheint und worin noch niemand war«.[2]
Zu Hause – das wandelt und verändert sich oft in unserem Leben. Es ist die Welt, in der wir leben, »die wir aber immer mit uns herumtragen und an vielerlei Orte bringen«.[3] Und es ist die Welt, die am Ende auf uns wartet, wo selbst noch durch den Tod hindurch »ein großer Raum und Freude sein wird«.[4]

Vom Umziehen in ein neues Zuhause am Ende eines langen Lebens erzählt der *Kinderroman* von **Peter Härtling: Alter John**[5]. Johannes Navratil, ein alter Färbermeister aus Brünn, der jetzt in Schleswig wohnt, zieht zu seinen Kindern und Enkeln nach Dempflingen bei Stuttgart. Er richtet sich innerlich und äußerlich ein, macht den neuen Ort seines Lebens zu seinem Zuhause. Das geht nicht ohne Konflikte und Krach ab, aber die neue Familienkonstellation bringt auch neue Möglichkeiten, Aufmerksamkeit und Liebe mit sich. Es ist köstlich zu lesen, wie »Alter John« seine Enkelin Laura im Schwimmbad ärgert mit seiner unmöglichen Badehose; wie er Sabine, eine Färbekundin, gegen ihren rabiaten Vater verteidigt; und wie er der ganzen Familie mit Tschapperl, dem kleinen Boxerhund, ein Überraschungsgeschenk zum Jahrestag seines Einzugs macht. Da lebt einer nicht nur am Rande so mit, sondern gestaltet, verwandelt, bereichert das Leben zu Hause – sein eigenes und das der anderen.
Aber dann gehen die Probleme los: Alter John verliebt sich und möchte am liebsten wieder ausziehen. Aber Frau Besemer ist vernünftig: Sie überredet ihn, zu Hause zu bleiben. Sie kommt lieber mal zu Besuch und kümmert sich. Im Laufe der Zeit wird sie ein neues Familienmitglied und eine unschätzbare Hilfe. Denn eines Tages fällt Alter John im Garten um und muß ins Krankenhaus gebracht werden. Nach zwei Monaten sagt er dann den Satz, der alle unruhig und nachdenklich macht: »Ich möcht' nach Haus!« Nach eingehender Beratung in der Familie und dem Angebot von

Frau Besemer, nach Kräften mitzuhelfen, fällt die Entscheidung: der Großvater soll nach Hause kommen. Liebevoll wird er gepflegt und auch durch schwierige Zeiten der Krankheit und des Sterbens begleitet. Eines Nachts stirbt er. Sein Leichnam wird fortgebracht und beerdigt. Der Blick seines Enkels Jakob bleibt an der leeren Sofaecke hängen, die »sein Zuhause« gewesen war. »Jetzt wußte er, daß Alter John nie mehr da sein würde.« So endet der einfühlsame Roman von Peter Härtling, der nicht nur für Kinder lesenswert ist, sondern auch die Erwachsenen ermutigen kann, sich einzulassen auf das Zusammenleben mit dem alten Vater oder der alten Mutter. Denn erst aus liebevoll gestaltetem Leben kann würdig bestandenes Sterben erwachsen.

Sterben

Von der Realität des Sterbens zu Hause berichtet das Buch von **Mark und Dan Jury: Gramp.** *Ein Mann altert und stirbt. Die Begegnung einer Familie mit der Wirklichkeit des Todes.*[6] Es ist eine Fotogeschichte. Wer bisher noch keinen Menschen hat sterben sehen und nicht vertraut ist mit körperlichem Verfall, der wird durch dieses Buch auf eindrucksvolle Weise so nah wie möglich an die Wirklichkeit herangeführt.

Freilich, selbst erlebt, selbst erfahren, selbst erlitten – mit all den Gerüchen, Geräuschen, Gefühlen konfrontiert, die von einem Sterbezimmer ausgehen – hat das alles noch einmal eine andere Dimension. Nicht etwa erschreckender, sondern ganz und gar wirklich, Teil meines eigenen Lebens, ohne Möglichkeiten der Distanznahme oder bloß kritischen Betrachtung. Wie gesagt: ein Buch ersetzt kein Leben, auch kein bestandenes Sterben. Aber es kann mich heranführen, aufklären, ermutigen – Mark und Dan Jury tun das mit ihrem Buch über das Sterben ihres Großvaters Frank Tugend auf eine besondere Weise. Sie sind sehr aufrichtig. Sie lassen uns teilhaben an der dreijährigen Prüfung in Menschlichkeit, der sie in ihrer Familie unterzogen wurden – einer Bewährungsprobe, die so viele Familien überall in der Welt auf verschiedene Weise zu bestehen haben. »Gramp« ist zwar ganz und gar ihre eigene, unverwechselbare Geschichte, eingebunden in den Kontext ihres Lebens in Glenburn, Pennsylvania, aber in ihrer Offenheit, Zugewandtheit und Wärme ein Beispiel für viele. In ihrer Einleitung schreiben sie:

»Am 11. Februar 1974 nahm der einundachtzigjährige Frank Tugend – geistig zweifellos verwirrt, körperlich jedoch völlig gesund – sein künstliches Gebiß aus dem Mund und erklärte, daß er nichts mehr essen oder trinken wolle. Er starb drei Wochen später, auf den Tag genau. Sein Tod beendete eine drei Jahre während Prüfung und eine ebensolange Aufzeichnung eines schrittweisen, aber unwiderruflichen Verfalls. Mit Fotoapparat und Tonbandgerät haben wir Frank Tugends Auseinandersetzung mit jenem Übel dokumentiert, das von den einen als Vergreisung, von den anderen als Arterienverkalkung oder allgemeine Arteriosklerose bezeichnet wird. Im Alltagsleben bedeutete es, daß Frank Tugend splitternackt vor dem Aussichtsfenster im Wohnzimmer herumstand, daß er sich mit einem roten Riesenhasen unterhielt, der im Eisschrank lebte, oder daß er die Toilette nicht mehr rechtzeitig erreichte. Doch nichts an diesen Ereignissen ist ungewöhnlich – es gibt Abertausende von Familien in jedem Land, die sich in diesem Augenblick mit genau dem gleichen Problem herumschlagen.
Wir waren eine dieser Familien: Frank Tugend war unser Großvater. Während der letzten drei Jahre seines Lebens haben wir seine und unsere Erfahrungen festgehalten. Und wir mußten uns – wenige Wochen vor seinem Tod – entscheiden, ob wir es zulassen sollten, daß er in ein Krankenhaus gebracht und dort künstlich ernährt würde. Aber nachdem Gramp unmißverständlich gezeigt hatte, daß er sterben wollte, beschlossen wir, daß er zu Hause sterben und seine menschliche Würde nicht verlieren sollte.
In den letzten Monaten, in denen die Leute aus unserer Gegend sicherlich glaubten, daß Gramp seinen ›Verstand verloren hat‹, ließ sich bei den Tugends, wo sonst ein reges Kommen und Gehen war, kaum mehr als ein halbes Dutzend Besucher blicken. In dieser Zeit lernten wir vieles über Gramp und vieles voneinander. Doch am meisten lernte jeder von uns über sich selbst« (Seite 7).

In eindrucksvoller Weise setzt sich das Buch von Mark und Dan Jury mit Problemen der Altersverwirrtheit, Inkontinenz, Dehydration und Würde des Sterbens auseinander. Vielleicht sind die Lösungen, die dafür in der Familie gefunden werden, gemessen am heutigen Standard in der Bundesrepublik Deutschland,[7] nicht immer optimal. Aber sie sind von gegenseitigem Vertrauen getragen und finden die Zustimmung des behandelnden Hausarztes.

Als Frank Tugend gestorben und die große Bewährungsprobe für die Familie bestanden ist, sagt Nan, seine Frau: »Ich weiß, daß Gramp all diese Sachen nicht absichtlich gemacht hat. Ich hoffe nur und bete darum, daß ich nicht so werde. Daß mich der Herr zu sich nimmt, bevor ich jemandem zur Last falle. Aber man kann nur abwarten, mehr nicht« (Seite 157).

Die vierjährige Hillary erinnert sich und spricht oft von den Fabelgestalten, die den Urgroßvater beschäftigten – die Paprikaner, die Fadenscheinis, die Mondschwänzler und Rülpsaugen. »Das sind keine Fantasiegestalten«, erklärte sie überzeugt, »sie sind wirklich und nicht eingebildet ... Sie haben Fäden zusammengeknüpft und sich in meinem Zimmer in ein Mobile verwandelt. Sie schauen jetzt wie Fische aus. Sie erinnern mich an Gramp« (Seite 158).

So endet das Buch von Mark und Dan Jury über das Sterben ihres Großvaters. Ein Kind, das ohne Angst wie selbstverständlich das Sterben zu Hause miterlebt, vermag die Fäden wieder zusammenzuknüpfen, die sich für die Erwachsenen zu einem undurchschaubaren Knäuel verwirrt hatten und die auch der Sterbende nur mühsam, in einer stummen Geste (S. 126f.), zusammenzwirbeln konnte. Es ist die Sichtweise Gottes, der Liebe, die sich darin ausdrückt.

Wichtige Entscheidungen

Wer sich mit dem Gedanken trägt, einen schwerkranken Angehörigen bis zuletzt zu Hause zu pflegen, steht vor einer Reihe von Fragen, die sorgfältig bedacht sein wollen, ehe eine verantwortliche Entscheidung getroffen werden kann. Hier hilft das kleine

Heft von **Helga und Walther Strohal** weiter: **Komm, ich laß dich gehen.** *Kranke und Schwerkranke zu Hause pflegen.* [8] Der spannungsreiche Titel deutet schon die Eckpfeiler des gemeinsamen Weges an: die Einladung nach Hause (»komm«) und die Bereitschaft zum endgültigen Abschied (»ich laß dich gehen«). Dazwischen spannt sich wie ein großer Bogen die manchmal unabsehbar lange Zeit der neuen Partnerschaft in der Pflege, voller Probleme und Ängste, aber auch reich an beglückender Erfahrung und Liebe.

Nicht umsonst schmückt ein Bild des Malers Claude Monet (1840–1926) den Umschlag des Heftes: Brücke über den Seerosenteich in Giverny. Bilder von Claude Monet begleiten auch sonst den Text, sie erzählen eine eigene Geschichte vom Wachsen, Blühen und Vergehen, von der Tiefe menschlichen Lebens und Sterbens.

Der sehr dichte Text von Helga und Walther Strohal geht mit dem Leser den Weg vom Krankenhaus (damit beginnt es ja meistens) nach Hause: Ängste müssen überwunden werden (reichen die Kräfte zur Pflege?), eine Erklärung für die Aufnahme zu Hause ist fällig (die mit Liebe zu tun hat und mit großem Vertrauen), ein angemessener Platz muß gefunden werden in der Wohnung oder im Haus, und eine neue Partnerschaft ist zu gestalten auf unbestimmte Zeit.

Das geht nicht ohne Einschränkungen und Begrenzungen: »Wer einen Schwerkranken pflegt, muß andere freilassen; muß bereit sein, einen anderen Platz auf Zeit unbesetzt zu lassen; muß in Kauf nehmen, daß fremde Hilfe im Haushalt, bei den Kindern oder im Betrieb in Anspruch genommen wird« (Seite 8).

Helfen und sich helfen lassen – das gehört zusammen, keiner kann grenzenlos pflegen. Ausflüge ins Leben sind deshalb wichtig und Orte des Angenommenseins, auch die Hilfe des Gebets und der Klage. Sorgfalt im Umgang mit sich selbst ist angezeigt, damit nicht Überforderungen oder Verhärtungen die Bereitschaft zur Zuwendung auszehren: »Nur ein weiches Herz kann etwas widerspiegeln von dem, was Gottes Güte uns an Möglichkeiten zeigt, mit dem Leben fertig zu werden« (Seite 10). Als hilfreich erweisen sich: ein geregelter Tagesablauf, die Mithilfe der Gemeindeschwester, klare Absprachen über die heiklen Bereiche der Pflege, eine durchdachte und konsequente Schmerztherapie, eine gute Zusammenarbeit mit dem Hausarzt. Auch die Männer in der Familie sollten nicht aus falscher Rücksichtnahme geschont werden, auch wenn nach wie vor die Last des Pflegens meistens auf den Frauen ruht. Es gibt Beispiele dafür, wie gerade Männer einen großen Teil dieser Aufgaben lösen können und dabei viel für sich selber lernen.[9] Freilich, eine Konkurrenz in der Pflege darf es nicht geben, auch keinen Perfektionismus, der auf gewachsene Strukturen und Beziehungen keine Rücksicht nimmt: »Es hilft keinem, wenn erprobtes Zusammenleben plötzlich zerstört wird durch die Tüchtigkeit anderer« (Seite 14).

Besucher können erfreuen, aber auch belasten. Es ist nicht immer leicht, sie richtig einzuschätzen. Auch hier können Probleme und Konkurrenzen zum Pflegenden entstehen, kritische Anfragen hin und her gestellt werden. Aber jeder Besuch bei einem Kranken hat einen Wert an sich als »Zeichen der Liebe eben, die wir nicht zu beurteilen haben« (Seite 16).

Ein wichtiger Abschnitt des Heftes ist dem »Durcheinander der Gefühle« gewidmet, das sich oft in den letzten Wochen und Tagen einstellt: Gefühle des Behaltenwollens streiten mit Gefühlen der Trennung. Alte Rollenkonflikte und damit verbundene Gefühle tauchen wieder auf: Wer bin ich als Tochter, als Sohn? Aggressionen und Abhängigkeiten werden neu virulent; Kämpfe werden ausgetragen, hinter denen auch die Trauer um den endgültigen Abschied steckt. Drohungen, Verletzungen, Schuldgefühle kommen hoch, belasten das Zusammenleben. Aber zum Abschied gehört auch Schmerz: »Wenn sich der Tod ansagt, ist alles normal, was es an menschlichen Gefühlen überhaupt gibt« (Seite 18).

Es kann auch sehr belastend sein mitzuerleben, wie der Sterbende seine Wahl trifft unter denen, denen er noch etwas anvertrauen und erzählen will. Aber sein Vertrauen sollte keiner Beurteilung mehr unterzogen werden: er ist es, der unvertretbar seinen Lebensweg zu Ende geht. »Der Weg zum Sterben ist ein Weg in die Einsamkeit, aus der heraus nach christlichem Glauben eine neue Gemeinschaft mit Gott wachsen kann, die über den Tod hinaus Bestand hat« (Seite 20). So lösen sich alte Beziehungen, Neues entsteht. Die Zeichen der Kirche – Abendmahl, Krankensalbung, Segnung – begleiten diesen Prozeß der Ablösung tröstend und stärkend. Im bewußt vollzogenen Abschied – einer gemeinsam ge-

134

feierten Andacht mit Aussegnung und Fürbitte für den Verstorbenen vor Gott – endet dann der Weg der Liebe, den wir Menschen im Angesicht des Todes miteinander gehen können. Was noch bleibt, ist ein Betrachten, dem sich erst allmählich die Dimension der Tiefe und des Sinnes erschließt – bei einem kunstvoll gestalteten Bild ebenso wie bei dem einmaligen Lebensgeheimnis eines Menschen.

Praktische Hilfen

Bei der Pflege eines Schwerkranken und Sterbenden zu Hause werden wir mit einer Reihe von praktischen Problemen konfrontiert, für die es gut ist, wenn wir Anleitung und Unterstützung durch den behandelnden Arzt und die fachkundige Gemeindeschwester erfahren. Denn es gilt ja nun, medizinische Fragen zu klären, Medikamente zu verabreichen und pflegerische Handgriffe zu leisten.

In vielen Gemeinden werden Grundkurse in häuslicher Krankenpflege angeboten, die Hemmungen und Ängste abbauen wollen durch das Erlernen sachgerechter Begleitung und Pflege.[10]

Einen Einstieg in die zu bewältigenden praktischen Aufgaben bietet auch das Buch von **Deborah Duda: Für Dich da sein, wenn Du stirbst.** *Vorschläge zur Betreuung.*[11] Es geht detailliert auf alle Fragen der häuslichen Krankenpflege ein und gibt viele praktische Hinweise für die Pflege Schwerkranker und Sterbender zu Hause. Deborah Duda zitiert eine amerikanische Ärztin:

»In Todes- und Sterbezirkeln unseres Landes wird heutzutage viel zuviel über psychologische und emotionale Probleme und viel zuwenig darüber geredet, wie man das Wohlbefinden des Patienten sichert. Jede Gruppe, die sich mit dem Dienst am Sterbenden beschäftigt, sollte in erster Linie über das Glattziehen von Laken, das Abreiben von Rücken, das Beheben von Verstopfung und die Nachtwachen reden. Einen Menschen psychologisch beraten zu wollen, der in einem nassen Bett liegt, bringt nichts ... Wenn Menschen mit gesundem Menschenverstand und grundlegendem pflegerischen Können sowie mit genauer Aufmerksamkeit für augenfällige Probleme und körperliche Bedürfnisse gepflegt werden, können Patient und Familie mit den meisten der emotionalen Krisen durchaus fertig werden. Ohne Schmerzen, gut gepflegt, mit kontrolliertem Stuhlgang und sauberem Mund, sowie mit einem erreichbaren Freund, der sich um einen kümmert, reduzieren sich die psychologischen Probleme auf ein durchaus erträgliches Maß« (Seite 99).

Dementsprechend enthält das Buch eine Reihe von medizinischen Erwägungen und praktischen Hinweisen für die Pflege, in denen die wichtigsten Stichworte für die Sterbebegleitung zu Hause genannt und behandelt werden: Zusammenarbeit mit dem Arzt und der Krankenschwester, physische Schmerzen und Schmerzmittel, Injektionen, Infusion und Dehydration, Hautpflege und Wundliegen, Ausscheidung und Inkontinenz, Schlaflosigkeit, Fieber, Depression und Wahnvorstellungen; Körperkontakt, Massage, Haarpflege; das Wechseln der Bettlaken, Antidekubitusfelle und Kissen; Umarmen, Liebhalten und Schmusen; Fragen der Lagerung und des Transports des Schwerkranken; Geruch, Sauberkeit, Schönheit, Farben, Fernsehen, Hören, Geschmack und Ernährung.
Zwei weitere Kapitel widmen sich den vielfältigen Problemen auf der Beziehungsebene und im Bereich der Gefühle, die sich in der Begleitung Sterbender zu Hause ergeben.
Dabei geht es um die Stadien des Sterbens (nach Dr. Elisabeth Kübler-Ross), die Wahrheitsfrage, Probleme des Zusammenlebens, der Familienmoral und der Anwesenheit von Kindern; um Trauer, Hoffnung, Liebe, Mitgefühl, Glaube, Freude, Schuld, Humor, Wut, Furcht, schmerzvolle Gefühle und Leid. Deborah Duda bespricht das alles in der ihr eigenen offenen und unkomplizierten Art. Etwas von dem typischen »american way of life« wird dabei sichtbar.
In ihrem Buch versucht Deborah Duda, ihre psychologischen und spirituellen Auffassungen mit den Basis-Informationen über die Pflege eines Sterbenden zu Hause bis zum Tod zu verbinden. Ob ihr diese Synthese gelungen ist und ob ihre spirituellen Anschau-

ungen wirklich dem praktischen Anliegen dienen, das sie vertritt, mag der Leser selbst beurteilen. Ich habe da meine Zweifel. Mich überzeugen z. B. die Argumente nicht, die sie am Ende ihres Buches für die Wiedergeburtslehre vorbringt. Auch der Abschnitt über das Heilen mit seiner etwas simplen und darin falschen Alternative (»wir sind entweder Opfer unserer Krankheiten oder wir sind dafür verantwortlich«, Seite 165) weckt bei mir Fragen und Zweifel. Auch die das Buch einleitenden Beispiele aus ihrer eigenen Erfahrung im Umgang mit Sterben und Tod wirken eher befremdlich auf mich: sie enthalten viel »Alternatives« aus der spirituell und religiös aufgeladenen Szene des südwestlichen Teils der Vereinigten Staaten von Nordamerika. Deborah Duda scheint solche Einwände zu ahnen, wenn sie in der Einleitung schreibt:
»Ich lasse Sie teilhaben an meiner Wirklichkeit, meinen Vorstellungen in diesem Abschnitt meines Lebens. Ihre Wirklichkeit, und damit meine ich auch die spirituellen Anschauungen und die Haltungen gegenüber dem Tod, ist vielleicht anders als meine. Nehmen Sie dieses Buch als ein Hilfsmittel, um die Antworten in Ihrem Innern selbst zu finden« (Seite 9). Ich nehme Deborah Duda hier beim Wort und weise gleich noch auf ein paar Bücher hin, die meines Erachtens die angeschnittenen geistlichen Fragen angemessener behandeln.
Aber insgesamt finde ich, daß Deborah Duda ein wichtiges und beachtenswertes Buch gelungen ist – das einzige, das ich kenne, das sich so konkret und so liebevoll mit den praktischen Problemen der Sterbebegleitung zu Hause auseinandersetzt. Ich möchte die Vorstellung ihres Buches damit abschließen, daß ich sie selbst noch einmal zu Wort kommen lasse:

»Liebe macht das Leben lebenswert. Liebe verwandelt Furcht. Einen Sterbenden zu pflegen bedeutet für uns eine Möglichkeit, unsere Liebesfähigkeit durch den Abbau unserer Furcht zu vergrößern ... Dieses Buch handelt davon, sich seiner Ängste bewußt zu werden und sie zuzulassen und gleichzeitig durch diese Ängste zu mehr Liebe, Freude und Freiheit zu kommen, während wir das Sterben erleben ... Da Sterben intensiviertes Leben bedeutet, sind die Fähigkeiten, die man am meisten braucht, um einen Sterbenden zu unterstützen, die, die man auch braucht, um wirklich voll zu leben: Liebe, Mitgefühl, Mut, Heiterkeit, Geduld, Humor, Demut und der richtige Gebrauch des Willens – anderen zu erlauben, zu leben und zu sterben, wie sie es wünschen ...« (Seite 10ff.)

Geistliche Hilfen

Wie bereits erwähnt, möchte ich zum Schluß noch ein paar Hinweise geben auf Veröffentlichungen, die geeignet sind, die bei der Sterbebegleitung zu Hause (und auch anderswo) auftretenden geistlichen Fragen angemessen zu behandeln und womöglich auch zufriedenstellend zu beantworten.

Da ist zunächst das von der *Westfälischen Diakonissenanstalt Sarepta* herausgegebene Buch: **Laß uns gemeinsam gehen.** *Ein Wegbegleiter an den Grenzen unseres Lebens.*[12] Es enthält Abschnitte über die Begleitung des kranken, alten und sterbenden Menschen. Es führt in die Praxis des Betens ein und gibt Beispiele für Gebete, die durch den Tag, die Woche und das Jahr geleiten. Es finden sich auch Texte zur Selbstbesinnung des Helfenden auf eine ganzheitliche Seelsorge darin. Im Anhang sind agendarische Texte der katholischen und der evangelischen Kirche abgedruckt, auf die am Bett eines Schwerkranken und Sterbenden zurückgegriffen werden kann.

Eine wertvolle Hilfe stellt auch das kleine Heft der *Deutschen Bibelgesellschaft* dar: *Nicht allein gelassen. Bibelworte, Andachten, Lieder und Gebete am Sterbebett.*[13] Es ist aus der Arbeit der »Sitzwachengruppen« in Stuttgart erwachsen, deren Mitglieder sich bereit erklärt haben, in Alten- und Altenpflegeheimen Sterbende zu begleiten.

Solche geistlichen Hilfen schließen sich in ihrer tiefen Bedeutung allerdings erst dann richtig auf, wenn ich als möglicher Begleiter eines Sterbenden selber bereit bin, mich zuvor auf einen Prozeß der wiederholten Bewußtmachung und beständigen Aneignung des in der Kirche bereitgehaltenen Schatzes an hilfreichen Worten und tröstenden Handlungen einzulassen.

Dazu hat die *Generalsynode der Vereinigten Evangelisch-Lutherischen Kirche Deutschlands (VELKD)* auf ihrer vorjährigen Tagung in Veitshöchheim bei Würzburg auf Anregung von *Professor Dr. Manfred Seitz*, Erlangen, eine Handreichung beschlossen: *Sterbende begleiten – Was können wir als Christen tun?*[14] Sie macht deutlich, daß kein Werk der Barmherzigkeit größer ist, als daß dem kranken Menschen in seinen letzten Nöten geistlich und sein Heil betreffend geholfen wird. In fünf Schritten entfaltet sie, was wir als Christen in der Sterbebegleitung tun können:

● Wir lassen den Sterbenden unsere Nähe spüren.
● Wir weichen einem Gespräch über den Ernst der Lage nicht aus.
● Wir umgeben ihn mit den von der Kirche angebotenen Mitteln (das biblische Einzelwort, besondere Liedstrophen, das Vaterunser, der Gebrauch des Gesangbuches, Wachen und Beten, die Beichte, das Abendmahl).
● Wir erweisen ihm den letzten Dienst, wenn sich das Ende naht.
● Wir befehlen ihn und uns der Barmherzigkeit Gottes.

Die gerade im Zusammenhang mit dem seelsorgerlichen Dienst an Sterbenden immer wieder diskutierten Fragen von Tod und Auferstehung, Karma und Wiedergeburt behandelt in sehr verständlicher Form das kleine Buch von **Gisbert Greshake: Tod – und dann?** *Ende – Reinkarnation – Auferstehung. Der Streit der Hoffnungen.*[15]
Gisbert Greshake beschreibt darin zunächst die häufig auftretenden Einstellungen zum Tod in der heutigen säkularen Gesellschaft und stellt ihnen Grundzüge des christlichen Todesverständnisses gegenüber. Er versucht dann, die Gründe für die Aktualität der aus dem Fernen Osten stammenden Seelenwanderungslehre und deren Umformungen im Westen zu verstehen, und erörtert die verschiedenen Dimensionen der Kontroverse, die sich zwischen Reinkarnationsvorstellungen und dem Glauben an die Auferstehung ergeben hat. Seiner Meinung nach wird der »Streit der Hoffnungen« nicht allein in der unendlich fortzuführenden theoretischen Diskussion, sondern vor allem in der Tragfähigkeit und Überzeu-

gungskraft von Hoffnungs*praxis* entschieden. Deshalb stellt er zum Schluß die eindringliche Frage an die Christen, ob sie auch wirklich »Wahrzeichen« ihrer Hoffnung sind.

Das heißt für ihn:

- ob sie wirklich die einmalige Zeit ihres irdischen Daseins ganz ernst nehmen und im »Heute Gottes« leben;
- ob sie durch geschwisterlich-kommuniales Zusammenleben und durch ihr Weltengagement zeigen, daß ihnen jede Form von Individualismus und Dualismus fremd ist;
- ob das »Prinzip Gnade« zu einem Leben in Freude, Gelöstheit und Zuversicht führt und zu einem glaubhaften Zeugnis des Evangeliums (der *Frohen* Botschaft) auf dem Forum der Welt (Seite 92).

Ich möchte dieses Büchlein allen denen empfehlen, die wieder »sprachfähig« werden wollen in diesem oft vernachlässigten Bereich des christlichen Glaubens.

Es ist ja nicht unwichtig, daß wir als Christen wieder lernen, begründet von unserem Glauben und unserer Hoffnung zu reden und auch danach zu handeln. So erst kann es geschehen, daß andere uns abspüren, wie sehr wir auf ein Leben vertrauen, in dem Gott alles in allem sein wird (1 Kor 15,28).

Anmerkungen

1. Vgl. *Peter Godzik*, Sterbende begleiten. Eine Literaturübersicht. Zuerst abgedruckt in: Lutherische Monatshefte, Heft 10/1988, S. 445–449; jetzt in: Peter Godzik / Jürgen Jeziorowski (Hg.), Von der Begleitung Sterbender. Heft 30 der Schriftenreihe Zur Sache – Kirchliche Aspekte heute, Hannover: Lutherisches Verlagshaus 1989, Seite 179–199.
2. *Ernst Bloch*, Das Prinzip Hoffnung. Dritter Band, Frankfurt: Suhrkamp 1968, Seite 1628.

3. *Paul Lüth,* Der Tod zu Hause, in: ders. (Hg.), Sterben heute – ein menschlicher Vorgang? Beiträge zur Frage Sterbehilfe als Lebenshilfe, Stuttgart: Hippokrates 1976, Seite 146.

4. *Martin Luther,* Ein Sermon von der Bereitung zum Sterben, 1519, in: Karin Bornkamm/Gerhard Ebeling (Hg.), Martin Luther. Ausgewählte Schriften in sechs Bänden, Frankfurt: Insel 1982, Seite 17.

5. Bilder von *Renate Habinger,* Verlag Beltz & Gelberg, Weinheim ^{6}1985, 108 Seiten, 10,- DM.

6. Verlag J. H. W. Dietz, Bonn ^{2}1982, 160 Seiten, 29,80 DM.

7. Vgl. *Helmut Walz,* Daheim sterben. Ärztliche Begleitung, in: Evangelische Impulse, Heft 5/1988, Seite 11–13.

8. Verlag am Eschbach, Eschbach 1987, 20 Seiten, 4,80 DM.

9. Vgl. den Bericht von *René Leudesdorff,* »Wenn mir am allerbängsten wird ...«, in: Deutsches Allgemeines Sonntagsblatt Nr. 15 vom 12. April 1987, Seite 18.

10. Vgl. die vom *Kuratorium Deutsche Altershilfe* herausgegebene Broschüre: Hilfe und Pflege im Alter. Informationen und Ratschläge für die Betreuung und Versorgung zu Hause, Bonn 1986, 72 Seiten (erhältlich beim Kuratorium Deutsche Altershilfe, An der Paulskirche 3, 5000 Köln 1); sowie das von *Alfred Vogel* und *Georg Wodraschke* herausgegebene Buch: Hauskrankenpflege. Anleitung und Hilfen für Gruppenarbeit und Selbststudium, Stuttgart: Georg Thieme ^{5}1985.

11. Papyrus Verlag, Hamburg ^{2}1986, 210 Seiten, 29,80 DM.

12. Kreuz Verlag, Stuttgart ^{4}1986, 271 Seiten, 22,80 DM.

13. *Verlag der Deutschen Bibelgesellschaft,* Stuttgart 1988, 63 Seiten, 1,80 DM.

14. Zuerst veröffentlicht in: Amtsblatt der Vereinigten Evangelisch-Lutherischen Kirche Deutschlands, Band VI, Stück 9, Seite 68–69, Hannover 1989. Jetzt in: *Peter Godzik/Jürgen Jeziorowski* (Hg.), Von der Begleitung Sterbender. Heft 30 der Schriftenreihe Zur Sache – Kirchliche Aspekte heute, Hannover: Lutherisches Verlagshaus 1989, Seite 148–156.

    Diese »Elementaren Hilfen für die Begleitung Sterbender« können auch in einem Briefumschlag bei der Evangelischen Buchhilfe, Postfach 31 80 in 3502 Vellmar, in größeren Mengen bezogen werden.

    Ebenfalls bei der Ev. Buchhilfe ist die seelsorgerliche Handreichung »Sterben – Tod« der VELKD erhältlich, die neben einer Illustrierten eine Reihe von Beilagen zur Information, zu Austausch und Gespräch sowie zur praktischen Anwendung enthält.

15. Herder Verlag, Freiburg 1988, 93 Seiten, 7,90 DM.

Petra-R. Muschaweck

Leitfaden für die Begleitung Sterbender zu Hause

Hilfen des Staates und der Gemeinschaft

> **Es wird nicht mehr so sein wie früher ...**

wenn Sie gemeinsam mit Ihrem pflegebedürftigen Angehörigen beschließen, die noch verbleibende Zeit miteinander zu Hause
zu verbringen. Fragen stellen sich, die beantwortet werden wollen:

- Wird der Sterbende überhaupt nach Hause entlassen werden
  können?
- Wie ist die ärztliche Versorgung zu gewährleisten?
- Wie werden Sie zu Hause zurechtkommen?
- Wer hilft Ihnen bei der Pflege, falls nötig rund um die Uhr?
- Welche Hilfsmittel brauchen Sie zu Hause?
- Wer trägt die Kosten der Pflege?

Die kommenden Tage, Wochen, vielleicht sogar Monate werden
Sie körperlich, geistig und seelisch besonders belasten. Seien Sie
darauf gefaßt, daß sich das Befinden und auch die Stimmungen
des Sterbenden täglich ändern können und Sie dadurch vor neue
Aufgaben gestellt werden. Gehen Sie deswegen bewußt sorgsam
mit Ihren Kräften um und gönnen auch Sie sich ausreichenden
Schlaf sowie Zeit für Ihre Erholung. Gerade in dieser Zeit ist es
wichtig für Sie zu wissen, daß es Menschen gibt, die Ihnen mit
ihrer Erfahrung, mit Rat und Tat zur Seite stehen werden, wenn
Sie es wünschen. Scheuen Sie sich nicht, die Hilfe Ihrer Mitmen-

schen, der Gemeinschaft und des Staates in Anspruch zu nehmen, damit Sie allen auftretenden Problemen gerecht werden können!

> **Wird der Sterbende überhaupt nach Hause entlassen werden können?**

Im Gespräch mit dem Krankenhausarzt können Sie diese Frage klären; er wird Ihnen aus seiner Sicht über die noch notwendige medizinische und pflegerische Versorgung Auskunft geben. Sofern keine heilenden Maßnahmen mehr erbracht werden können und/oder sollen, wird Sie der Klinikarzt auch über eine mögliche symptomlindernde Therapie aufklären. Zum gewünschten Termin wird er Ihnen die Entlassungspapiere fertig machen – mit *Medikamenten-Einnahmeplan* für den Kranken und *Entlassungsbrief für den Hausarzt* mit detaillierten Angaben über den Krankenhausaufenthalt – und den *Transport* für Sie organisieren. Für den seltenen Fall, daß Sie sich mit dem Klinikarzt nicht über die Entlassung einigen können, sei darauf hingewiesen, daß jeder Patient das Recht auf »Entlassung auf eigenen Wunsch« hat.

> **Wie ist die ärztliche Versorgung zu gewährleisten?**

Die ärztliche Versorgung zu Hause ist grundsätzlich die Aufgabe eines Hausarztes; mit ihm sollten Sie *vor* der Entlassung folgende Fragen klären:

- Ist er dazu bereit, Hausbesuche zu machen?
- Ist er im Notfall auch nachts und am Wochenende erreichbar?
- Wie ist die Vertretung geregelt?
- Ist er dazu bereit, lebensverlängernde Maßnahmen zu unterlassen und »nur« die Beschwerden zu lindern, wenn dies vom Sterbenden gewünscht wird?

● Ist für ihn die Schmerzlinderung (auch mit Morphiumeinsatz) selbstverständlich?

Es wird für Sie und den Sterbenden eine große Beruhigung sein, wenn Sie in Ihrem Hausarzt einen vertrauensvollen Partner und Begleiter finden, der das Geschehen akzeptiert. Sollten Sie noch keinen Hausarzt haben, dann suchen Sie einen Allgemeinarzt in Ihrer näheren Umgebung auf.

Wie werden Sie zu Hause zurechtkommen?

Es ist naheliegend, daß Sie sich zunächst beim *Krankenhaus-Sozialdienst* informieren lassen. Die Mitarbeiter des Klinik-Sozialdienstes arbeiten mit den örtlichen *Sozialstationen* und dem *Sozialamt* eng zusammen. Sie können hier zu allen materiellen und sozialen Fragen kompetente Auskunft erhalten und sich individuell beraten lassen. Dazu gehört die Information über Hilfsmittel, die auf Ihre Wohnsituation abgestimmt sind, ebenso wie die Herstellung von Kontakten zu Pflege- und Hilfsdiensten und die Klärung von Kostenfragen – als Aufgabe der Sozialarbeiter(in).

Wer hilft Ihnen bei der Pflege, falls nötig, rund um die Uhr?

Fachkräfte und Helfer stehen für Sie im Rahmen *ambulanter Dienste* der *Sozialstationen* bereit. Diese Einrichtungen, mit lokaler oder regionaler Zuständigkeit, werden im allgemeinen von den Wohlfahrtsverbänden getragen (Arbeiterwohlfahrt, Dt. Caritasverband, Dt. Parität. Wohlfahrtsverband, Deutsches Rotes Kreuz, Diakonisches Werk). Das Leistungsspektrum ist zwar regional unterschiedlich, umfaßt aber üblicherweise folgende medizinisch-pflegerischen und sozialen Aufgaben, die Sie bei Bedarf anfordern können:

Hausbesuche zur Feststellung der notwendigen Hilfsmittel, Verleih dieser Hilfsmittel.

Beratung und Vermittlung in persönlichen und sozialen Angelegenheiten (z. B. Versicherungen, Krankenkasse, Rente, Sozialhilfe).

Schulung in häuslicher Krankenpflege und Selbsthilfe für einfache Pflegearbeiten am Krankenbett.

Vermittlung von Kontakten zu Gemeindepastoren, ehrenamtlichen Besuchsdiensten, Angehörigengruppen, anderen Beratungsstellen, Sozialamt und Krankenkassen.

Grundpflege, Hilfe beim Waschen, Anziehen, Baden, Betten und Lagern, Pflege und Reinigung von Prothesen, Nagelpflege, Hilfe beim Essen u. a. m.

Behandlungspflege erfolgt aufgrund von Rezeptverordnungen des Klinik- oder Hausarztes. Schwestern der Sozialstation übernehmen medizinisch-pflegerische Aufgaben wie z. B. Verbandswechsel, Spritzen, Einläufe, Katheterwechsel etc.

Aktivierende Pflege, dazu gehört Beschäftigungs- und Bewegungstherapie, Atemgymnastik u. a. m.

Grund-, Behandlungs- und aktivierende Pflege werden von den Krankenkassen unter bestimmten Voraussetzungen bezahlt, sofern sie vom Arzt verordnet sind (siehe auch unter »Kostenfragen«).

Ergänzt wird dieses Angebot der Sozialstationen in vielen Städten durch *freie Gruppen* (Vereine, Bürgerinitiativen) und durch kirchliche *Besuchsdienste* – besonders notwendig für die Nachtstunden und Wochenenden. Die Anschriften dieser Gruppen erfahren Sie über Ihr Gemeindeamt, die Pfarrei, die Sozialstation, die örtlichen Wohlfahrtsverbände oder die Telefonseelsorge, die Sie unter der Rufnummer 1 11 01 erreichen. Nicht immer sind die Leistungen dieser Gruppen unentgeltlich; deswegen ist es sinnvoll, vorher mit der Krankenkasse zu klären, inwieweit diese Angebote anerkannte Kassenleistungen sind.

Am Ende dieses Buches finden Sie außerdem Adressen von sogenannten »Hospiz-Gruppierungen« und Selbsthilfeinitiativen, die es sich zur Aufgabe gemacht haben, Menschen zu begleiten, zu unterstützen, die zu Hause sterben möchten.

Sehr oft erfordert die Begleitung Sterbender nur ganz einfache

Hilfestellungen, die von jedem gesunden und hilfsbereiten Menschen erbracht werden können. Deswegen ist es mehr als naheliegend, *Freunde, Nachbarn und Bekannte* nicht zu vergessen, wenn es um Hilfestellung in konkreten Alltagssituationen geht, die kein besonderes Fachwissen erfordern.

Welche Hilfsmittel brauchen Sie zu Hause?

Die Antwort auf diese Frage richtet sich nach den individuellen Bedürfnissen und Wünschen des Sterbenden. Hilfsmittel wie *Krankenbett, Rollstuhl, Toilettenstuhl, Sauerstoffgerät, Gehwagen* u. v. m. erhalten Sie leihweise von Ihrer Sozialstation oder aus den Hilfsmittellagern der Wohlfahrtsverbände oder der Krankenkasse (zum Teil als Kassenleistung). In diesem Zusammenhang ist vor allem folgendes Buch empfehlenswert: *Deborah Duda, »Für Dich da sein, wenn Du stirbst«* (2. Auflage, Papyrus Verlag, Hamburg 1986).

Wer trägt die Kosten der Pflege?

Zeitlich unbegrenzt werden normalerweise die Kosten getragen für alle *ärztlichen Leistungen* und die sogenannte *Behandlungspflege* – von den *gesetzlichen Krankenkassen* (AOK, Ersatzkassen, Betriebskrankenkassen, der Beihilfe für Beamte und – je nach Vertragsabschluß – von Privatkrankenkassen).
Zeitlich begrenzt übernommen werden die Kosten für die sogenannte *Grundpflege*, wenn Ihr Hausarzt bescheinigt, daß dadurch ein gebotener Krankenhausaufenthalt abgekürzt wird oder aber gar vermieden werden kann.
Entlastungsmöglichkeiten im Steuerrecht. Aufwendungen für die Pflege eines pflegebedürftigen Angehörigen können als außergewöhnliche Belastungen steuerlich geltend gemacht werden und

wirken sich steuermindernd aus. Bisher mußten diese Mehraufwendungen allerdings nachgewiesen werden. Ab 1. Januar 1990 tritt eine Vereinfachung in Kraft: Pflegekosten können mit einer Pauschale von 1.800,- DM jährlich geltend gemacht werden.

Ab 1. Januar 1991 werden zusätzlich folgende Leistungen von den Kassen erbracht:

Sachleistung. Häusliche Pflegehilfe für notwendige Grundpflege und hauswirtschaftliche Versorgung bis zu einer Stunde je Pflegeeinsatz (bis zu 25 Pflegeeinsätze im Monat). An einem Tag können mehrere Pflegeeinsätze in Anspruch genommen werden. Von der Krankenkasse übernommen werden jedoch nur Aufwendungen bis zu 750,- DM im Monat.

Geldleistung. Bis zu 400,- DM je Monat kann die Krankenkasse dem Versicherten auf Antrag auszahlen, wenn er anstelle der Sachleistung seine Pflege durch eine geeignete Pflegeperson ausreichend selbst sicherstellen kann.

Vertretung der ständigen Pflegeperson. Bei Urlaub oder Verhinderung der ständigen Pflegeperson kann häusliche Pflegehilfe im erforderlichen Umfang bis zu vier Wochen im Jahr in Anspruch genommen werden. Voraussetzung dafür ist, daß die ständige Pflegeperson den Kranken vor dem Vertretungsfall mindestens 12 Monate gepflegt hat. Die Aufwendungen für diese Leistung dürfen 1800,- DM im Jahr nicht überschreiten. Auch diese Leistung muß vom Hausarzt verordnet werden.

Zusätzlich wird der Freibetrag für die Beschäftigung einer Haushaltshilfe auf 1800,- DM im Jahr angehoben.

Grundsätzlich hat jeder Bürger der BRD einen Rechtsanspruch auf staatliche Hilfe, sofern seine Einkommens- und Vermögensverhältnisse (und die seiner unterhaltspflichtigen Angehörigen) bestimmte Grenzen nicht überschreiten. Details können Sie beim *Sozialamt* im Gespräch mit einem Sozialarbeiter klären, der Sie bei erforderlichen Anträgen und im Zusammenhang mit weiteren Fragen kompetent unterstützten wird. Nutzen Sie diese Möglichkeit!

Gruppen und Organisationen, die helfen

1 Kuratorium Deutsche Altershilfe
  An der Pauluskirche 3
  5000 Köln 1

2 Deutsche Krebshilfe
  Thomas Mann Str. 40
  5300 Bonn 1

3 Deutsche Aids Hilfe e. V.
  Nestorstraße 8–9
  1000 Berlin 31

4 Deutsche Hospizhilfe e. V.
  Reit 25
  2110 Buchholz

5 OMEGA – Mit dem Sterben leben e. V.
  Postfach 1407
  3510 Hann. Münden

6 Arbeitsgruppe »Zu Hause sterben«
  an der Ev. Fachhochschule Hannover
  Blumhardtstr. 2
  3000 Hannover 61

7 Ärztliche Beratungsstelle für ältere Bürger und ihre
  Angehörigen
  Rüsternweg 26a
  2000 Norderstedt

8 Selbsthilfegruppe »Verwaiste Eltern« über:
  Ev. Akademie Nordelbien
  Esplanade 15–16
  2000 Hamburg 36

9 Die Orts- und Landesanlaufstellen der Freien Wohlfahrtsverbände (AWO = Arbeiterwohlfahrt, DPWV = Deutscher Pari-
tätischer Wohlfahrtsverband, DRK = Deutsches Rotes Kreuz,
Diakonisches Werk, Deutscher Caritasverband, Zentralwohl-
fahrtsstelle der Juden in Deutschland) finden Sie in Ihrem Tele-
fonbuch.

Die Autorinnen und Autoren

Jan Christian Bauer, geb. 1945 in Bad Nauheim, Diplom-Psychologe. 1979 Diplom nach Studium in Frankfurt/M., Washington D.C. (USA) und Hamburg. Seit 1982 in eigener psychologischer Praxis tätig. Mitarbeit in Einrichtungen der Erwachsenenbildung u. a. zu dem Thema »Altern«. Seit 1987 verantwortlich für das Projekt »Angeleitete Gesprächsgruppen für Pflegende Angehörige« an der Familienbildungsstätte Elmshorn. Nach Abschluß der Ausbildung seit 1988 Prädikant in der Nordelbischen Kirche. Seit 1½ Jahren in der Therapie- und Seelsorgeausbildung bei IGNIS Christliche Psychologen Deutsche Gesellschaft für Christliche Psychologie e. V., Würzburg.

Jens Bruder, geb. 1942 in Hamburg, Dr. med. 1968 medizinisches Staatsexamen nach Studium in Hamburg und London. Bis 1976 Facharztausbildung zum Nervenarzt mit psychotherapeutisch-psychoanalytischer Orientierung. Seit 1976 Beschäftigung mit gerontologisch-gerontopsychiatrischen Fragestellungen, insbesondere Problemen der familiären Versorgung von dementen alten Menschen und der Interaktion mit ihnen. Mitarbeit und später Leitung von Forschungsprojekten der Deutschen Forschungsgemeinschaft. Seit 1981 Aufbau einer Modellinstitution (Unterstützung von Familien mit Alterskranken) in Norderstedt bei Hamburg. Ab 1988 Ausweitung dieses Ansatzes im Rahmen eines Modellprogrammes auf verschiedene Standorte in Schleswig-Holstein. Seit 1986 Leiter eines großen Ärztlichen Dienstes, der in Hamburg 5500 pflegebedürftige alte Menschen in den staatlichen Pflegeheimen versorgt. Veröffentlichungen zum Thema: zusammen mit Klusmann, D., Lüders, I.: Pflege Alterskranker in der Mehrgenerationenfamilie – Zwischenergebnisse eines laufenden Forschungsprojektes. In: Recht auf Pflege – Sicherung der Grundwerte menschlichen Lebens als gesellschaftliche Verpflichtung. Bericht über den 27. Kongreß der Deutschen Vereinigung für die Rehabilitation Behinderter e. V., Heidelberg 1980. – Die Situation der

Hausfrau in Mehrgenerationenhaushalten mit Alterskranken. Hauswirtschaft und Wissenschaft, 29, 1, S. 51–53, 1981. – zusammen mit Klusmann, D., Lauter, H., Lüders, I.: Beziehungen zwischen Patienten und ihren Familienangehörigen bei chronischen Erkrankungen des höheren Lebensalters. Bericht an die Deutsche Forschungsgemeinschaft, März 1981. – zusammen mit Schultze-Jena, H.: Psychotherapeutisch orientierte Hilfsangebote für Familien mit kranken alten Angehörigen in der Bundesrepublik Deutschland. Eigendruck, Norderstedt 1986. – Das Sterben in der Familie. In: Schütz, R.-M. (Hg.): Praktische Geriatrie 7, Lübeck 1987. – Filiale Reife – ein wichtiges Konzept für die familiäre Versorgung kranker, insbesondere dementer alter Menschen. In: Gerontopsychologie und Gerontopsychiatrie, 1, 1, S. 95–101.

Petra Christian-Widmaier, geb.1945 in Freising, Dr. phil., Dr. rer. biol. hum., Soziologiestudium in Heidelberg, Göttingen und den USA. Promotion mit einem sozialphilosophischen Thema über Georg Simmel (Einheit und Zwiespalt. Berlin, Duncker & Humblot 1978). Psychologiestudium und Promotion mit einem Thema aus der Interaktionsforschung. Langjährige, von der Deutschen Forschungsgemeinschaft geförderte medizinsoziologische und -psychologische Forschungstätigkeit, zuletzt im Sonderforschungsbereich 129 »Psychotherapeutische Prozesse« an der Universität Ulm. Veröffentlichungen zum Thema: Der institutionelle Rahmen thanatotherapeutischer Arbeit. In: Spiegel-Rösing, I., Petzold, H. (Hg.), Die Begleitung Sterbender. Paderborn, Junfermann 1984, S. 183–236. – Krankenhausseelsorger und todkranker Patient. Im Spiegel ihrer wechselseitigen Wahrnehmung. Berlin/Heidelberg/New York/London/Paris/Tokyo, Springer 1988.

Peter Godzik, geb. 1946 in Flensburg. Nach Theologiestudium in Kiel und Hamburg Vikariat in Bogotá/Kolumbien und Kiel. Von 1975 bis 1987 Gemeindepastor in Büdelsdorf bei Rendsburg, seit 1987 Oberkirchenrat im Lutherischen Kirchenamt in Hannover; als Seelsorgereferent zuständig für die thematische Vorbereitung der Generalsynode der Vereinigten Evangelisch-Lutherischen Kirche Deutschlands (VELKD) vom 16. bis 21. Oktober 1988 in Veitshöchheim bei Würzburg »Du wirst mich nicht dem Tode überlassen – Sterbende begleiten«. Veröffentlichungen: Das Wunder, heil zu werden. Biblische Anregungen für die »Gesundheitserziehung«, in: Theorie und Praxis der Sozialpädagogik, Heft 2/1985, S. 58–62. – Den Weg der Betroffenen beobachten. Sterben und Tod: Literatur wächst unaufhaltsam, in: Lutherische Monatshefte, Heft 10/1988, S. 445–449. – Von der Begleitung Sterbender. Heft 30 der Schriftenreihe

»Zur Sache – Kirchliche Aspekte heute«, Lutherisches Verlagshaus Hannover, 1989 (Hg. zusammen mit Jürgen Jeziorowski).

Ingeborg Kruckis, geb. 1928 in Wilhelmshaven. Theologiestudium wegen Heirat abgebrochen, Gemeindehelferinnenexamen, Kinder- und Jugendarbeit, Fernstudium für Erwachsenenbildung, 1979–1988 hauptamtliche Kirchenkreisbeauftragte für Frauenarbeit, jetzt ehrenamtliche Mitarbeiterin in verschiedenen Rendsburger Frauengruppen.

Claudio Kürten, geb. 1946 in München. Ausbildung zum Industrie- und Verlagskaufmann, betriebswirtschaftliches Studium, 1973–1981 Leitung des Bildungswesens der Pelikan AG in Hannover, seit 1982 selbständig als Dozent für Personal- und Organisationsentwicklung. Veröffentlichungen zum Thema: Wer bist Du? Was willst Du? Tu es – jetzt – wann denn sonst? (1983). – Texte zur Patienten-Wirklichkeit, CK-Verlag, Kasseler Schlagd 19, 3510 Hann.-Münden.

Joachim E. Meyer, geb. 1917 in Königsberg, em. Professor Dr. med., Dr. h. c., Med. Studium in Königsberg und Berlin; 1953 Habilitation für Psychiatrie und Neurologie Universität Freiburg. 1963 Berufung nach Göttingen als Direktor der Psychiatrischen Klinik der Universität. – Seit den 70er Jahren Arbeiten zur Todesthematik. J. E. Meyer: »Tod und Neurose«. Vandenhoeck u. Ruprecht, Göttingen 1973. »Todesangst und das Todesbewußtsein der Gegenwart«. 2. Aufl. Berlin/Heidelberg/New York, Springer 1982. »Die Endlichkeit des Menschen und ihre Bedeutung im Erleben neurotisch Kranker«. Psychotherapie-Psychosomatik-Medizinische Psychologie 39, 64–67 (1989).

Helga Obermann, geb. 1938 in Celle. Krankenschwester seit 1958, seit 1977 Fachkrankenschwester für Gemeindekrankenpflege. Weiterbildung zur Unterrichtsschwester an der Schwesternhochschule für Diakonie in Berlin, seit 1984 Unterrichtsschwester beim Diakonischen Werk der Ev.-Luth. Landeskirche Hannover e. V., im Bereich Pflegeseminare in den Gemeinden und Mitarbeiterfortbildung für Diakonie- und Sozialstationen tätig

Petra-R. Muschaweck, geb. 1949 in Lübeck, Dr. med. 1969–1975 Medizinstudium in Berlin und Kiel, Promotion »über das Problem des Alkoholismus stationär aufgenommener Alkoholkranker in Schleswig-Holstein«. Ärztliche Krankenhaustätigkeit von 1975–1978, davon ein Jahr in Oxford/England. Seit 1978 in eigener Landarztpraxis tätig. 1985 Mitbegründerin

der Vereinigung »OMEGA – mit dem Sterben leben e. V.« Veröffentlichungen zum Thema: Sterbende begleiten – eine Chance für unser Leben, in: Deutsche Krankenpflegezeitschrift, 1/88, S. 41–43. – Schmerz –
eine Herausforderung für den Arzt, in: Beiträge zu Diakonie, Sozialarbeit, Sozialpädagogik, Psychotherapie und Theologie aus der Ev. Gesellschaft Stuttgart e. V., Heft 4/1988: Hospiz – Begleitung Sterbender und
ihrer Angehörigen, S. 16–22. – OMEGA, in: Evangelische Impulse, 5/88,
S. 25. – Sterbebegleitung aus medizinischer Sicht, in: Kasseler Gerontolo-
gische Schriften, Heft 5/1989, S. 212–222.

Franco Rest, geb. 1942 in Ferrara/Italien, Dr. päd., ist o. Professor für
Erziehungswissenschaften und Sozialphilosophie an der Fachhochschule
Dortmund. 1966–1969 hauptamtlich, 1971–1988 nebenamtlich als Lehrer
tätig an Grund- und Hauptschulen sowie Gymnasien und Walddorfschu-
len; seit 1971 lehrt er an der Fachhochschule Dortmund. 1968–1974 Frie-
denserziehung; seit 1974 Sterbeerziehung, Sterbebeistand und Sterbebegleitung; seit 1980 Untersuchungen des Verhältnisses von Theologie und
Anthroposophie (Jenseits von Waldorf und Wassermann, Dortmund
1987). 1985 Mitbegründer von »OMEGA – mit dem Sterben leben e. V.«,
1980–1988 Vorstandsmitglied der Aktion »Mehr Menschlichkeit in Krankenhaus und Praxis«. Veröffentlichungen zum Thema: Praktische Ortho-
thanasie (Sterbebeistand) im Arbeitsfeld sozialer Praxis, 2 Bde., Opladen
1977/78. – Den Sterbenden beistehen. Ein Wegweiser für die Lebenden.
Heidelberg/Wiesbaden ³1989. – Sterbebegleitung-Sterbehilfe-Sterbebei-
stand (Studienbuch Krankenpflege), Stuttgart 1989.

Jochen Senft, geb. 1929 in Berlin, Theologiestudium in Hamburg und Kiel,
Jugendpastor in Storman, Militärseelsorge, Gospelsänger, Liederbuch:
Gospels, Shanties & Folklore, seit 1982 im Diakonischen Werk Schleswig-
Holstein, bearbeitet Sinnfragen der Diakonie und hält Trauerseminare.

Wolf-Rüdiger Schmidt

Leben ist mehr

Fragen nach Gott in unserer Zeit. Mit einem Interview mit
Hoimar v. Ditfurth. 4. Auflage. 139 Seiten. (GTB 957)

Viele reden heute von einem Zeitalter der Gottesfinsternis.
Gleichzeitig spricht alle Welt von einer neuen Religiosität,
von Wiedergeburt, Reinkarnation, östlicher Spiritualität.
Wer nicht auf diesen Trip abfährt, hat zumindest die Sehn-
sucht nach etwas ganz Anderem. Dieses Buch will dazu
beitragen, die die Frage nach Gott uneingeschränkt als die
Frage nach dem Leben zu begreifen, als die Frage nach
dem Geschenk und dem Geheimnis des Lebens, auch des
nichtmenschlichen. Die Begegnung mit einem evolutiven
Weltbild wird als grundlegende Frage an das Christentum
bzw. an den christlichen Glauben entfaltet.

Gütersloher Verlagshaus Gerd Mohn

Trost und Ermutigung

Manfred Baumotte
Du sollst getröstet werden
64 Seiten. (GTB 356)
Originalausgabe.

In diesen Texten und Gebeten finden Trauernde Hilfen, den Schmerz über den Abschied von einem geliebten Menschen in Worte zu fassen, das Leid zu tragen und ermutigenden Trost zu erfahren.

Das Buch nimmt Anteil am Schmerz derjenigen, die Leid und Trauer getroffen haben. Die Kapitel

– Abschied nehmen
– So wird es nie wieder sein
– Das Leid tragen
– Der Toten gedenken
– Trauern und loslassen

greifen die verschiedenen Anlässe und Erfahrungen, die vielfältigen Fragen und Klagen auf, die ernst nehmen muß, wer Menschen auf diesem schmerzlichsten Weg ihres Lebens begleiten will.

Gütersloher Verlagshaus Gerd Mohn

Tod und Sterben

Sterben wie ein Mensch

Hrsg. von Stefan Wehowsky. 128 Seiten. Originalausgabe. (GTB 953)
Die Zivilisation macht Fortschritte, aber das Sterben verliert nichts
von seinem Schrecken. Im Gegenteil. Was kann man tun, um »wie ein
Mensch« zu sterben? Wer kann uns, wie können wir anderen helfen?

Tod und Sterben

Deutungsversuche. Von Helmut Aichelin, Dietrich Feist, Reinhart
Herzog, Reinhold Lindner, Horst Georg Pöhlmann. Materialien für Erwachsenenbildung, hg. von Paul Gerhard Seiz und Hermann Greifen-
stein. Eine Veröffentlichung der Studienstelle der Deutschen Evangelischen Arbeitsgemeinschaft für Erwachsenenbildung. 3. Auflage.
181 Seiten mit zahlreichen Abbildungen. Originalausgabe. (GTB 297)

Was erwartet uns nach dem Tod?

24 Darstellungen von Religionen und Konfessionen. Im Auftrag des
Bildungswerkes der Arbeitsgemeinschaft der Kirchen und Religions-
gemeinschaften e. V. hg. von Siegfried Raguse. 2. Auflage. 240 Seiten. Originalausgabe. (GTB 1069)

Gütersloher Verlagshaus Gerd Mohn

Elisabeth Kübler-Ross

Interviews mit Sterbenden

14. Auflage. 160 Seiten. (GTB 71)

»Die Autorin berichtet über eine neue und wichtige Möglichkeit, den Patienten als menschliches Wesen im Blickfeld zu behalten, ihn ins Gespräch zu ziehen und von ihm zu erfahren, wo die Vorzüge oder Schwächen unseres klinischen Systems liegen. ›Die Interviews mit Sterbenden‹ sind eine hervorragende Hilfe, um diese Stadien zu erkennen und nicht bloß pauschal aufzufassen.«   Verkündigung und Forschung

Leben bis wir Abschied nehmen

Mit 80 Fotos von Mal Warshaw und einem Beitrag von Paul Becker. Aus dem Amerikanischen übersetzt von Christa Reich. 2. Auflage. 176 Seiten. (GTB 955)

Dieser Band dokumentiert am Beispiel von vier sterbenden Patienten – darunter ein fünfjähriges Mädchen – die ungewöhnliche therapeutische Arbeit von Elisabeth Kübler-Ross. In Bild und Text wird hier auf einen Lernprozeß verwiesen, den Tod als einen Teil des Lebens anzunehmen und so in Würde und in Frieden zu sterben.

Reif werden zum Tode

6. Auflage. 190 Seiten. (GTB 1023)

»Seit vielen Jahren findet Elisabeth Kübler-Ross weltweite Anerkennung durch ihre Forschung über Sterben und Tod. Ihre Beiträge sowie die Texte ihrer Mitautoren stellen gleichsam eine Nutzanwendung ihrer Forschungsarbeit über Todkranke dar. Übereinstimmend stellen alle Autoren das Sterben und den Tod wieder mitten in das Leben als Thema der Reifung zum Leben: Der Tod ist der Schlüssel zum Lebenstor.«   Deutsches Ärzteblatt

Gütersloher Verlagshaus Gerd Mohn

Elisabeth Kübler-Ross

Verstehen, was Sterbende sagen wollen

Einführung in ihre symbolische Sprache. Aus dem Amerikanischen übersetzt von Susanne Schaup. 2. Auflage. 160 Seiten und 8 farbige Kunstdrucktafeln. (GTB Siebenstern 952)

Schwerkranke und sterbende Menschen benutzen eine ganz besondere Sprache, um ihre innersten Wünsche und Sorgen auszudrükken. Es ist eine symbolische Sprache, die sich in Worten, in Gesten oder auch in spontanen Zeichnungen äußert. Elisabeth Kübler-Ross lehrt uns, diese Sprache zu verstehen.

Was können wir noch tun?

Antworten auf Fragen nach Sterben und Tod. Aus dem Amerikanischen übertragen von Ulla Leippe. 5. Auflage. 142 Seiten.
(GTB Siebenstern 369)

Was können wir noch tun, wenn das Sterben unmittelbar bevorsteht? Soll man dem Todkranken die Wahrheit sagen? Was antwortet man auf seine verzweifelte Frage: warum gerade ich? Soll man sein Leben künstlich verlängern? Welche Unterschiede bestehen zwischen dem plötzlichen Tod in jungen Jahren und dem Tod im hohen Alter? Soll man die eigenen Gefühle vor dem Sterbenden verbergen?

Antworten auf diese und eine Fülle ähnlicher Fragen gibt Elisabeth Kübler-Ross.

Gütersloher Verlagshaus Gerd Mohn

22.80